事必求是

是

行必踏

实

周汉民 主编

上海中华职业教育社的创新九章

上海人民出版社

事必求是 行必踏实——上海中华职业教育社的创新九章

编委会名单

学习职教先贤精神　绘就统战崭新篇章（代序）

——在"职教先贤与百年统战"座谈会上的讲话摘编

周汉民

2022 年是中国共产党统一战线政策提出 100 周年，也是习近平总书记致中华职业教育社贺信 5 周年暨立社 105 周年。习近平总书记指出，统一战线是党克敌制胜、执政兴国的重要法宝，是团结海内外全体中华儿女实现中华民族伟大复兴的重要法宝，必须长期坚持。

百年统战，熠熠生辉。1922 年 7 月，中国共产党第二次全国代表大会作出了建立"民主的联合战线"的决议，标志着我们党统一战线的发端。1939 年 10 月，毛泽东同志在《〈共产党人〉发刊词》中指出，统一战线、武装斗争、党的建设，是中国共产党在中国革命中战胜敌人的三个法宝。7 年前中国共产党首次以中国共产党中央名义召开统战工作会议，2022 年又召开第二次中央统战工作会议，习近平同志发表演讲，再次重申统一战线有用、有大用、有不可或缺的作用。

统一战线作为党克敌制胜、执政兴国的重要法宝，在我国新民主主义革命、社会主义革命和建设时期、改革开放和社会主义现代化建设新时期、中国特色社会主义新时代，在中华民族伟大复兴战略全局和世界百年未有之大变局的背景下，历经无数仁人志士的长期接续奋斗，凝聚人心、汇聚力量，取得了历史性成就。中华职业教育社一直走在统一战线的正道上，作为统一战线浩荡大军中的一员，始终高举爱国主义旗帜，抱定职教救国志向，与共和国历史、百年统战历史血脉相连、休戚与共、唇齿相依，为统一战线作出了独特、独到、独有的贡献。

以史为鉴，开创未来。我们深切缅怀为中国共产党统战事业作出重要贡献的黄炎培、蔡元培、冷遹、顾树森、胡厥文、孙起孟、姚惠泉、王艮仲等中华职教社先贤。每每回忆起他们的事迹点滴，感受着他们身上折射的崇高精神，总让人无比动容。作为职教后辈，我们要认真学习职教先贤精神，牢记职教社为"国家富强、民族复兴、人民幸福"的初心使命，践行"使无业者有业、使有业者乐业"的宗旨，谨记前辈先贤"金的人格、铁的纪律"的教诲，大力弘扬"双手万能，手脑并用"的理念，沿着先辈曾经走过的足迹，迈向更加光明更加美好的未来。

——要学习职教先贤矢志不渝的爱国精神。爱国精神是流淌在职教先贤血液里的基因，是他们纵贯一生的主线。他们始终如一地将爱国爱民思想渗透在工作和事业之中，与国家共命运，与人民同呼吸。蔡元培、黄炎培、冷遹等先贤都曾加入过同盟会，参加过辛亥革命，汇入铁与血的救国洪流。复旦大学的创立者、职教先贤马相伯更是被尊为爱国老人。1946年在本楼（雁荡路80号）创办的比乐中学的"比乐"二字，就是源自其为中华职教社礼堂的题名"比乐堂"。中华职业教育社的创立，也是职教先贤们为了"教育救国"的共同理想，从五湖四海走到了一起。他们投身抗日救亡，参加民主运动，奔走在为人民争取光明前途的各条战线上。职教社创始人黄炎培说："吾思想、吾行为都归宿于一点，即如何造福于民众是也。""凡有利于我国家民族者，吾从之。否则任何胁迫、任何劝诱我必不从。"这应该是对广大职教先贤爱国精神共同的写照。

——要学习职教先贤锲而不舍的奋斗精神。职教先贤们在救国救民的道路上不断尝试，一次次倒下，又一次次奋起，不抛弃不放弃，心中只有一个信念"奋斗"。抗日战争爆发，"职教救国"的理想遭受挫折，先贤们转而毅然投身抗日救亡，提出抗日到底、实践民主、结束党治、建立联合政府等十条纲领。抗日战争胜利在望，但内战的阴霾却黑云压城，黄炎培、冷遹等一行六人访问延安，为和平奔走斡旋。回到重庆，不顾国民党当局阻挠，出版《延安归来》一书，使更多民众了解中国共产党的政治主张与行动纲领。新中国成立后，已过古稀之年的黄炎培破"不为官吏"的立身准则，欣然从政，饱含热忱与激情投入新中国建设，成为中国共产党肝胆相照、荣辱与共的战友和诤友。职教先贤们的人生，是奋斗的人生。只要有利于国家和民族，就从不退缩；只要一息尚存，就要为人民奔走呼号。

——要学习职教先贤坚持不懈的探索精神。先贤们奉行"理必求真、事必求是"的行为准则，为追求救国救民真理永不止步。通过潜心研究国内外教育学说，考察教育情况，创立中华职业教育社，主张通过职业教育挽救民族危亡，这是先贤们早期的重大探索成果。随着职业教育在推行过程中遭遇困难，先贤们又根据当时社会实际提出"大职业教育主义"，这是对职业教育探索的又一重大成果，直至今天仍具有重大现实意义。后来，中国革命形势在十字路口徘徊，先贤们又把探索的触角进一步延伸到国家前途和命运问题，其中最为脍炙人口的就是"窑洞对"。黄炎培与毛泽东纵论"历史周期率"，今天听来仍振聋发聩，警钟长鸣。爱国诗人屈原所谓"路漫漫其修远兮，吾将上下而求索"，在职教先贤身上体现得淋漓尽致。他们终生都在探索，都在为国家和人民上下求索，殚精竭虑。

常思来路多艰辛，今朝砥砺自奋蹄。当前，百年变局与新冠疫情交织叠加，统一战线形势纷繁复杂。我们要传承百年统战深厚底蕴，弘扬职教先贤优良传统，以更加饱满的精神、更加实干的态度、更加有为的行动投身于中华民族伟大复兴的征程中。我以上海中华职业教育社的名义提三个观点，与诸位共勉。

第一，坚持中国共产党的领导是基本原则。中华职业教育社是中国共产党领导的具有"统战性、教育性、民间性"的群众团体，"听党话、跟党走"既是历史的选择，又是严肃的政治纪律。我们要坚持把习近平新时代中国特色社会主义思想，特别是习近平总书记关于加强和改进统一战线工作的新理念新思想新战略，贯穿各项工作始终。把忠诚拥护"两个确立"、坚决做到"两个维护"作为最坚定的政治立场、最鲜明的政治方向、最牢固的政治信念，做到志存高远、知行合一。要时刻牢记：我们身处"中国号"巨轮上，在中国共产党的领导下，巍巍"中国号"必将行稳致远。

第二，推动职业教育高质量发展是历史使命。习近平总书记指出，在全面建设社会主义现代化国家新征程中，职业教育前途广阔、大有可为。"职教强国"曾是无数职教先贤的理想，却因历史的动荡几度搁浅。今天，职业教育终于迎来了快速发展的"新时代"，迎来了证明自己的机会。2022年5月，新修订的《职业教育法》颁布实施，明确职业教育与普通教育具有同等地位，赋予中华职业教育社新的职能。我们要立足自身特点和优势，牢记先贤发展职业教育的初心，以高度的历史使命感和时代责任感，锤炼主动学习、自我革新的品格，永葆开拓进取、奋发有为的激情，增强加倍努力、全力以赴的意识，大力宣传和贯彻新的《职业教育法》，广泛联系和团结有志于职业教育的海内外各界人士，加强交流协作，积极建言献策，推动职业教育高质量发展，更好服务经济社会发展大局。

第三，创新职教社统战工作是新时代发展方略。上海中华职教社是有着突出统战性的群团组织，我们今天的社务委员会中同时有香港、澳门、台湾的成员。新时代仍要充分发挥统一战线的重要法宝作用，胸怀"两个大局"，牢记"国之大者"，坚持爱国统一战线发展的正确方向，准确把握新时代爱国统一战线的历史方位，创新开展统一战线工作。一要深刻把握新时代职教社统战工作规律。要以统一战线政策提出100周年为契机，把握新时代职教社统战工作新特点、新规律、新要求，创造新形式，开拓新领域，开发新功能。二要创新实施温暖工程。温暖工程是黄炎培职教思想在新时期爱国统一战线工作的创新之举，要继续创新形式，做大做强，优化品牌。三要稳步推进港澳台和海外统战工作。要积极创造条件，聚焦争取人心，把握好潜绩和显绩的关系，奋进新时代，展现新作为，加强民间交流，解决好人心和力量问题，持续增进心灵契合。

百年统战，同心奋斗。踏上新的赶考之路，我们要更加紧密地团结在以习近平同志为核心的党中央周围，学习职教先贤精神，创新推进统战工作，汇聚民族复兴磅礴伟力，共同绘就无愧于历史、无愧于人民、无愧于时代的崭新篇章。

目　　录

第一章　坚持固守圆心，党建引领推动组织建设发展

翻开卷帙浩繁的中华职业教育社画卷，历史这样记载：

首开我国近代职业教育之先河的中华职业教育社始创于1917年，是主要由教育界、经济界、科技界从事和关心支持职业教育的人士组成的具有光荣历史传统的职业教育团体。周恩来总理作过这样的评述："职教社是一个知识分子的团体，从职教社所走的道路，也可以看出中国知识分子的历史道路。"

一百多年来，是风雨兼程的跋涉，是奋斗不息的前行，是爱国信念的笃定，是为民情怀的恪守。中华职业教育社始终怀着报国为民之心，秉承改革教育之宗旨，与时俱进，不断为社会作出积极贡献。

一百多年来，中华职业教育社主动顺应时代要求，坚持追求真理光明，始终高举爱国主义的旗帜，把推动职业教育发展与整个国家的命运、民族的振兴紧密相联，走出了一条践行立社宗旨、实现爱国情怀、坚定跟中国共产党走的世纪之路。

一百多年来，中华职业教育社能在百年风雨中发展壮大，靠的是

自觉接受中国共产党的领导，并形成了与中国共产党同心同向同行的光荣历程，成为中国共产党统一战线的成功典范。

中华人民共和国成立后，中华职业教育社迁至首都北京，上海建立了中华职业教育社上海分社。1992 年 8 月 31 日，中华职业教育社上海分社更名为"上海中华职业教育社"。

上海中华职业教育社在改革开放大潮中恢复活动，在社会主义建设事业进入重要发展时期茁壮成长，在中国特色社会主义新时代创造令人欣喜的业绩。

2009 年，上海市政协副主席周汉民，勇挑新一届社务委员会主任的重任。他深感使命光荣、责任重大，同时也对做好工作，开创职

▼ 2018 年 10 月 15 日，上海市政协副主席周汉民当选为上海中华职业教育社第六届社务委员会主任。

教社事业新局面充满信心。他庄重地提出"三愿"：第一必须要继承。上海是职教社的发祥地，要继承职教社的创始人黄炎培"一分精神全为国，一寸光阴全为民"的爱国情怀。第二必须要改革。上海是中国改革开放的前沿，从理念到纲领，从目的到手段都必须坚持与时俱进。第三必须要创新。当职业教育担当中国中等、高等教育半壁江山的时候，我们面临的教育状况包括职业教育的状况的许多方面都需要我们去创新，新时代统一战线的新使命同样需要我们去创新。

周汉民同志已连续三届当选上海中华职教社社务委员会主任，是上海中华职教社迄今为止担此重任时间最长的领导。十四年间，我们进入中国特色社会主义新时代，我们喜迎中华职业教育社百年华诞和中国共产党建党百年隆重庆典。在周汉民同志为主任的三届社务委员会领导下，上海中华职教社上下一心，一步一个脚印地向前迈进，在继承中发展，在继承中创新。职教社的各项事业取得长足进步，形成了具有职教社自身特色的项目品牌：围绕职业教育和民办教育发展的热点、难点问题，认真调查研究，积极建言献策；团结、联系民办职业教育界人士，创办各类职业教育学校，为社会培养了大批实用型人才；关注社会弱势群体和特殊人群，努力拓宽温暖工程新领域；加强港澳台和海外联络工作，不断开拓新的交流与合作渠道，为祖国统一大业作出积极努力；大力加强社务委员会领导班子建设，实现区级组织全覆盖。上海中华职教社队伍得到进一步壮大，组织活力进一步增强，职教社的事业进一步发展。

如今，上海中华职教社正朝着"政治坚定、组织健全、特色鲜明、充满活力，在职业教育界和民办教育界有重要影响、在统一战线中发挥重要作用的群众团体"的目标阔步前进。

一、坚持党的领导，把握正确方向

在中国共产党领导人民所走过的四个重要的历史时期和阶段中，具有106年悠久历史的职教社积极参与其中，为夺取新民主主义革命伟大胜利、完成社会主义革命和推进社会主义建设、进行改革开放和社会主义现代化建设、开创中国特色社会主义新时代作出了积极贡献。

（一）坚持党的领导，是职教社先辈的历史选择

回顾历史是为了启迪今天、昭示明天、开创更加美好的未来。

早在1921年，职教社先驱黄炎培专程去北京拜访李大钊，寻求与中共进行联系合作，最终与中共成为肝胆相照的挚友。

1931年"九·一八"事变后，同年12月职教社创办《救国通讯》（后改为《国讯》）积极宣传抗日主张，并提出"全力赴国难"。

1937年12月，黄炎培在湖南会晤八路军驻长沙办事处负责人徐特立。

1938年5月，黄炎培在武汉与周恩来会面。出席参政会时，又结识了董必武、林伯渠、吴玉章、邓颖超等人。从此，为了抗战这一共同目标，黄炎培与中国共产党接触频繁，职教社的工作也一直得到中共负责同志的关怀和帮助，对中国共产党的认识不断深化。

1939年3月，职教社在昆明召开工作会议，史称"昆明会议"。会议提出，"教育要跟着政治走"。

抗战时期，职教社从教育救国到积极参加民主革命，成为党的统一战线的重要力量。1940年12月，中共中央下达《关于统一战线工

作的组织和工作的指示》文件明确提出，中华职业教育社是党的统一战线工作的主要对象之一。

如果把西柏坡作为毛泽东和中共中央"进京赶考"的出发点，那么延安则是"赶考"思想的发源地。多年传颂的"窑洞对"，表明了以黄炎培为代表的职教社先贤与中国共产党是推心置腹共商未来。1945年7月，黄炎培、褚辅成、冷遹、王云五、傅斯年、左舜生、章伯钧七位国民参政员联名致电毛泽东、周恩来，表示希望访问延安，为国共两党谈判搭建桥梁。中共中央即回电表示欢迎。7月1日，黄炎培等六位国民参政员，应中共中央和毛泽东主席的邀请，为推动国共团结商谈，飞赴延安。短短5天的延安之行，黄炎培亲眼目睹共产党领导边区一片光明。他得出一个结论：共产党"切实寻觅民众的痛苦，寻觅实际知识，从事实际工作，这都是我们多年的主张"。使黄炎培对中国的光明前途有了新的信心，也使他的人生站上了新起点。

黄炎培认识到，中国共产党才是中国的救星，值得人民大众充分信赖。他公开支持中国共产党，坚定跟着中国共产党走。回到重庆后，黄炎培写了一本赞扬中国共产党的书《延安归来》并公开发行，引起全社会轰动。

新中国成立前夕，黄炎培在地下党的精心组织下冲破特务的重重堵截，经上海到香港到达北平，参加建国大业。此时的黄炎培主动要求中国共产党派中共党员来职教社工作。

事实证明，坚持中国共产党的领导，是职教社先辈的历史选择。他们的奋斗足迹和抉择，都为百年职教社留下了美好的历史印记。了解历史才能看得远，理解历史才能走得远，领悟先辈们的情怀、品质和风骨，才能在奋发有为中践行初心和使命。

（二）坚持党的领导，更是职教社人的政治信念

　　进入中国特色社会主义新时代，在前进的道路上，坚持党的领导，坚定政治信仰，牢记初心使命，是职教社人的政治担当。牢固树立政治理想，把握正确的政治方向，就是要坚定站稳政治立场，坚持中国共产党领导和我国社会主义制度。党的十八大以来，进入新时代的十年间，在以上海市政协副主席周汉民为主任的第四届、第五届、第六届社务委员会领导下，上海中华职教社以高效、务实的精神开展工作，领导班子出现新气象，社务工作迈出新步伐，机关建设呈现新面貌，各项工作取得了新进展。

　　全社上下牢牢把握正确的政治方向，坚决做到"两个维护"。坚持把思想政治建设摆在各项工作的首要位置，筑牢团结奋斗的共同思想政治基础。社务委员会发挥"头雁效应"，带头学习贯彻党的十八大、十九大、二十大和中央统战工作会议以及上海市统战工作会议、党的群团工作会议等重要会议精神，确保党的路线方针政策和决策部署不折不扣贯彻落实。机关党员和干部深入学习习近平新时代中国特色社会主义思想，深刻领悟"两个确立"的决定性意义，增强"四个意识"，坚定"四个自信"，党组织战斗堡垒作用得到进一步发挥，共产党员模范带头作用得到进一步发扬。同时，通过举办内容丰富、形式多样的宣传教育活动，团结引领广大社员自觉做习近平新时代中国特色社会主义思想的坚定信仰者、积极传播者、忠实践行者。

　　在新时代党的建设新的伟大工程中，坚持既要固本培元，也要开拓创新，既要把住关键重点，也要形成整体态势。上海中华职教社社务委员会领导班子坚定支持机关党组织从加强党建入手，促进党建与业务工作融合发展持续发展。十多年来，上海中华职教社根据事业发

展和党的建设需要，不断加强组织建设，党总支、机关党支部和退休党员党支部按照《党章》规定，坚持"三会一课"制度、组织生活会等，实现机关党建规范化制度化。机关党支部以政治建设为统领，坚持固本强基，形成了以初心使命教育为根本，以党员项目制为核心，以社史展示厅"党员责任岗"为抓手的党建特色，发挥了党支部在服务职教社中心工作、加强干部队伍建设、联系服务群众中的战斗堡垒作用，为完成职教社各项重点工作任务提供坚实保障。开展的"不忘初心，讲史评星"主题党日活动得到了市委统战部领导的高度评价。通过在实践中学习，在实践中总结，社机关党组织提交的党建和业务工作融合发展案例，被评为上海市统战系统"激情·创造·担当"优秀案例，社机关党支部被评为首批"统战系统党支部建设示范点"，并被评为统战系统先进基层党组织。

上海中华职教社机关党总支带领党员认真履行党风廉政建设主体责任，严守政治纪律和政治规矩，带头落实中央八项规定精神。同时，注重建章立制，强化制度保障力。按《重大事项议事规则》《办公行政会议议事规则》《社有资产使用管理规定》规范进行机关管理，持续推进党风廉政建设和政治机关建设。建立重大项目监督员机制，完善财务监督管理机制，加强重大项目廉政风险防控，通过完善制度建设，使机关管理得到进一步规范。

机关党总支将政治统领、学习教育成效坚决体现在贯彻落实党中央决策部署的行动上，体现在履职尽责、做好本职工作的实效上，体现在党员、干部的实际行动上。连续9年编撰出版《上海职业教育事业蓝皮书》，连续10年举办"中华杯"职业技能竞赛，连续10年组织实施"中华助学金"发放，连续5年举办中西部对口支援地区职业院校长研修班，连续10期组织台湾、澳门、香港职业院校师生和大学生研习营，2019 年率先牵头三省一市职教社签订长三角一体化发展合作协议，克服困难完成五所社办"中华牌"学校恢复办学工作。在党建工作与社务工作的融合推进中，以党建工作引领业务工作开展，以业务工作质量检验党建工作成效，努力把职教社党总支锻造成坚强的战斗堡垒。

二、沐浴领导关怀，不忘初心前行

以习近平同志为核心的党中央高度重视和亲切关怀职教社的发展。中央和上海市委的领导关怀，是上海中华职教社事业发展的动力源泉。

（一）历任党和国家领导人关心支持中华职教社事业

在悠久的历史进程中，职教社披荆斩棘、筚路蓝缕，镌刻下了载入史册的成就，也凝聚着党和国家领导人的关怀和期望。新中国成立后，党和国家领导人对职教社高度重视，多次作出重要指示、批示，为职业教育高质量发展指明方向，极大地鼓舞和激励着职教社与时俱进，奋勇前行。

1957 年 5 月 26 日，周恩来出席中华职教社立社四十周年纪念会，发表了著名的"活到老、学到老、改造到老"讲话，后收录于《周恩来统一战线文选》。

1982 年 11 月 20 日，职教社代理事长胡厥文致信时任中共中央总书记胡耀邦，请求恢复职教社的组织和工作。11 月 24 日即接到复信，不仅赞同恢复组织，还提出了"发扬主动精神和创造性，放胆把工作推向前进"的工作指导方针。

1988 年 3 月 10 日，江泽民同志为中华职业学校建校 70 周年题词

习近平致中华职业教育社成立100周年的贺信

2017年05月05日 17:26:48 来源： 新华社

新华社北京5月5日电

习近平致中华职业教育社成立100周年的贺信

值此中华职业教育社成立100周年之际，我代表中共中央，向你们表示热烈的祝贺！

中华职业教育社是我国成立最早的职业教育社团。在风雨如晦的旧中国，中华职业教育社本着教育救国的宗旨，致力于改革传统教育、推动职业教育发展，参与爱国民主运动，投身民族救亡，成为接受中国共产党领导、追求民主进步的爱国社团。新中国成立后特别是改革开放以来，中华职业教育社紧紧围绕党和国家工作大局，广泛联系社会各界和海内外关心支持职业教育的人士，为发展职业教育、实施科教兴国和人才强国战略、推进祖国和平统一大业作出了积极贡献。

新形势下，中华职业教育社要立足自身特点和优势，广泛联系和团结有志于职业教育的海内外各界人士，加强交流协作，积极建言献策，更好服务社会，不断为促进我国职业教育发展，为实现"两个一百年"奋斗目标、实现中华民族伟大复兴的中国梦作出新的更大的贡献。

习近平

2017年5月5日

▲ 2017 年 5 月 5 日，习近平总书记致信祝贺中华职业教育社成立 100 周年。

"双手万能"。支持并鼓励职教社和中华职业学校弘扬黄炎培职业教育思想，努力开展办学实践活动，推动上海中华职教社的社办学校迅速发展，产生良好的社会反响和社会效益。

1994年职教社召开全国社员代表大会，中共中央政治局常委、国务院副总理李岚清代表党中央、国务院致贺辞，指出职教社优势所在，以及工作手段和总目标，为职教社指明了工作方向。

1994年，全国人大副委员长、职教社理事长孙起孟先后亲笔为上海中华职教社创办的中华侨光职业技术学院和主办的《上海社讯》题写校名与刊名，并鼓励上海中华职教社的同志们充分利用好阵地，大力宣传黄炎培职业教育思想，宣传职业教育取得的经验和成果，推动职业教育更好地为上海经济社会发展服务。

中央对职教社工作的重视，还体现在2005年胡锦涛总书记、温家宝总理作出重要批示、全国政协主席贾庆林在温暖工程实施十周年总结表彰大会上发表重要讲话，中央统战部部长刘延东等领导同志的悉心关怀和批示；从温暖工程被正式写入中共中央（2006）15号文件，到中央统战部要求各地统战部门支持职教社"深入开展温暖工程项目的实施"，无不显示出中央各级领导对职教社工作的进一步肯定与重视。

2006年和2022年，中央统战部、中央统一战线工作领导小组先后两次印发关于加强和改进中华职业教育社工作的文件，作为加强职教社工作、推进职教社事业发展的重要指导性文件，对于职教社的地位和作用都给予了充分肯定，进一步明确了职教社的性质、特点、指导思想与工作任务。其重要意义可归纳为四点，即明确目标、扩大影响、提升士气、再创辉煌。充分体现了党中央、中央统战部对职教社工作的高度重视和殷切希望，对职教社事业发展起到了重要推动作用。

进入中国特色社会主义新时代，2017 年 5 月 5 日，在职教社成立 100 周年之际，中共中央总书记习近平专门发来贺信，充分肯定了职教社的历史贡献，为职教社的发展指明了方向，充分体现了中共中央对发展我国职业教育的高度重视，体现了对职教社的亲切关怀。

（二）中华职教社总社关心支持上海中华职教社发展

上海是中华职教社的发祥地，上海中华职教社的发展始终得到总社的亲切关怀和大力支持。

党的十一届三中全会召开后，在职教社组织恢复阶段，全国人大副委员长、总社理事长孙起孟针对上海老社员多、掌握职教社历史发展情况史料多和复社后遇到的一些问题，亲临上海对职教社作出指示，要求上海积极支持和动员上海老社员发挥优势、贡献力量。当年在职教社工作的老同志，开展社史收集编撰工作，从中抢救挖掘出大量社史史料，并出版成集，成为十分珍贵的社史第一手原始资料。

总社领导多次参加上海中华职教社的活动，给予指导、提出希望。全国政协副主席、总社理事长张榕明曾多次亲临上海指导工作，特别是对上海的区级组织全覆盖给予了积极支持。2017 年中华职教社立社 100 周年之际，全国人大常委会副委员长、总社理事长陈昌智出席上海纪念大会并讲话，大会期间还前往上海中华职教社机关视察，专程看望了上海中华职教社举办的贵州、宁夏职业院校院（校）长研修班学员并合影留念。2021 年黄炎培职业教育思想研究会第十一次学术年会在沪举办期间，全国人大常委会副委员长、总社理事长郝明金出席会议并作主旨讲话，还赴团体社员学校中华职业学校、上海出版高等专科学校调研，对上海中华职教社和职业教育工作进行实地指导。每次换届大会，总社领导都亲赴上海，出席社员代表大会并发表讲话，对上海中华职教社的工作给予肯定和鼓励的同时提出要求和希望。

总社还多次召开全国地方组织负责人会议，总结交流工作经验和成功做法，研究部署重点工作，提出新形势下进一步推进各项工作的任务和要求。2015年上海中华职教社承办了中华职教社省级组织领导干部能力建设培训班，这是中华职教社实现全国31个省级职教社组织全覆盖后举办的第一次培训班，也是中华职教社第十一届理事会及其领导班子组成以后举行的第一次全国性活动。总社领导对上海中华职教社为此次培训班的精心准备、周密安排、优质服务和有力保障给予了高度的赞扬。培训班的成功举办，对于职教社统一思想，提高认识，做好工作起到了积极推动作用。

在重点工作开展方面，总社也给予悉心指导。陈广庆总干事亲赴上海专题调研温暖工程工作，对上海中华职教社诸方面的工作给予了充分肯定。王金宝总干事还积极关注上海基层组织建设，亲赴上海中华职教社机关和上海徐汇职教社调研指导工作。方乃纯总干事多次到上海指导工作，在黄炎培职业教育思想研究会第十一次学术年会的筹办工作，特别是换届工作等方面给予了上海中华职教社大力支持。

在践行黄炎培职业教育思想中承担科研课题研究，是职教社在新形势下开展理论研究的新领域，也是职教社为发展我国职业教育作出的新努力。总社先后承担了国家教育科学研究重点课题的研究，内容涉及黄炎培职业教育思想的研究与试验、中学职业指导的研究与试验、中等职业学校职业指导和创业教育的研究等课题。在这些课题的实施过程中，总社大力支持上海中华职教社组建上海子课题组，深入实际开展调查研究，经过多年努力取得了重要成果，形成了论文集。在一大批研究成果获奖的同时，也为上海职业院校培养了大批科研骨干，进一步提高了上海职业院校科研工作的整体水平。

对于总社领导的鼓励和希望，以周汉民同志为主任的社务委员会强调"三抓"：即一定要抓落实，提高知名度，打好职教社的品牌；抓好参与度，与社会、企业广泛地开展合作；要抓实、细、深、透，为统一战线和职业教育事业作出新贡献。

（三）市委、市委统战部关心支持上海中华职教社建设

"统战性"是职教社的政治基础，也是职教社的根本属性。市委和市委统战部的坚强领导是做好职教社工作的重要基础。社领导始终把坚持和紧紧依靠市委、市委统战部的领导摆在首位。作为地方组织，上海中华职教社开展工作和事业发展离不开中共上海市委和市委统战部的坚强领导。

多年来，历届市委领导，历任市委统战部部长都对上海中华职教社各项工作给予关注和支持，在对领导班子成员的配备中，从职教社的实际工作需要考虑，通过协调市教委、市人社局等相关委局的领导同志担任社务委员会领导成员，对上海中华职教社事业发展给予高度重视。每逢开展重大活动，市委领导和市委统战部领导都出席并给予指导。包括举行职教社立社纪念活动、换届大会和各类重要会议等，并在会上发表重要讲话。市领导、市委统战部主要领导还多次亲临上海中华职教社机关看望慰问机关干部，关心了解职教社工作，帮助职教社解决发展难题。

2017年5月19日，上海召开纪念中华职业教育社成立100周年大会。全国人大常委会副委员长、中华职教社理事长陈昌智，中共上海市委副书记尹弘分别代表中华职教社和中共上海市委出席大会并讲话。市委常委、统战部部长施小琳传达了市委书记韩正的批示，市人大常委会副主任钟燕群，副市长翁铁慧，市政协副主席徐逸波出席会议。市政协副主席、上海中华职教社主任周汉民致辞。中华职教社领

▲ 2022年8月26日，市委常委、统战部部长陈通上任伊始即前往上海中华职教社调研，对社的工作提出殷切期望。

▲ 2022年9月8日，副市长陈群（前排左）、市政府副秘书长黄永平（后排中）、市教育党工委副书记、市教委主任王平（后排右）一行专程赴上海中华职教社调研指导工作。图为周汉民（前排右）向陈群一行介绍职教社品牌工作。

▲ 2018年7月27日，市委常委、统战部部长郑钢淼（右）专程来上海中华职教社调研，高度评价了上海中华职教社工作。图为周汉民（左）向郑钢淼介绍中华职教社社史。

▲ 2017年12月14日，市委常委、统战部部长施小琳走访调研上海中华职教社。

▲ 2012年7月26日，市委常委、统战部部长沙海林（左）走访调研上海中华职教社机关。图为周汉民（右）向沙海林介绍历任社主任照片墙。

导和市领导充分肯定了上海中华职教社取得的成绩，并对职教社的未来发展提出殷切期望。

在2018年和2023年换届之际，市委统战部印发了《上海中华职业教育社关于区级组织换届工作的意见》，有力推动基层组织顺利换届，为职教社事业发展提供政治和组织保障。

在以周汉民同志为主任的社务委员会领导下，上海中华职教社坚定不移地坚持中共上海市委和市委统战部的领导，坚持做到凡是重要工作和活动，都积极主动请示报告，争取市委和市委统战部的支持，使上海中华职教社的工作呈现新气象，展现出一个个新亮点。

三、加强组织建设，筑牢事业根基

（一）打造政治坚定、能力突出的班子队伍

领导班子建设是搞好上海中华职教社建设的核心，关键是要做到精诚团结。上海中华职教社领导班子在市委统战部的领导下，不断完善工作机制和各项制度，以规范、健全的制度来保证社务工作的顺利开展，促进上海中华职教社的长远发展。社务委员会领导成员坚持互相支持、团结协作，形成了整体合力，领导力持续增强。在市委和市委统战部的关心支持协调下，领导成员中增添了市教委、市人社局、民主党派市委、大学校长等有关领导同志，使领导班子成员更具权威性、专业性、代表性，并实现港澳台委员全覆盖，进一步体现统战性。同时，从加强领导班子建设入手，进一步加强制度建设，领导班子工作机制进一步健全，主任、副主任、常务委员分工明确。要求领导班子和机关干部结对帮带并与各区职教社开展"三联系三落实"活动。即：联系各区职教社、联系社员、联系学校；落实人员、落实单

位、落实责任。社主任、副主任每年定期到所联系的区社进行指导调研，了解掌握各区社组织发展、社员服务等情况以及存在的问题，推进各区社工作的有序开展。社领导和机关干部要深入基层、调查研究、加大工作力度，做到横向到边，纵向到点，推进社的事业健康发展。

十四年来，上海中华职教社领导班子在周汉民主任的带领下，牢牢把握团结奋斗的时代要求，自觉做到思想上更统一、政治上更团结、行动上更一致，形成了一个团结、务实、创新、开拓、充满活力的领导集体，有效推动事业的高质量发展。面对疫情，更是坚持在困境中开好局、起好步，实现了勇毅前行的工作目标。

（二）建设爱党爱社、代表性强的社员队伍

上海是中华职业教育社的发祥地，也是广大社员的集中地。1980年后，上海中华职教社逐步恢复活动，据统计，2004年个人社员数达1 616人，他们中有一部分是解放前入社的老社员，有的曾就读过社办学校，或接受过文化补习等，对职教社有着深厚的情感，对职教社开展的各项活动也积极热心。但是随着年龄的增长，他们中的大多数人年事已高，心有余而力不足。

作为一个百年老社，必须注意发展社员，才能壮大组织，注入新的活力。只有建立新的地方组织，有源源不断的新的社员加入，职教社工作才有组织保证。2009年以来，通过建立新的区级组织，一批学历高、年富力强的年轻骨干加入职教社组织，使社员队伍朝着知识化、专业化、年轻化方向发展。目前，全社已有个人社员5 097名，其中党外人士2 870名，团体社员350个。为了提高新社员素质，截至2022年底已先后举办10期中青年骨干社员培训班，对区级职教社开展组织建设工作培训，进一步提高了社员的思想认识，增强了组织的凝聚力、向心力。

根据新时代职教社新的使命，未来的社员发展将坚持广泛性和代表性相结合，发展和培养职业教育、民办教育领域以及其他领域中有志于职业教育事业的代表性人士特别是其中的党外人士，建设一支数量充足、素质优良、影响力大、凝聚力强的代表人士队伍，为服务党和国家工作大局贡献力量。

（三）建成覆盖全市、充满活力的区级组织

党的十一届三中全会以来，职教社各地方组织相继建立，工作不断加强，多项事业得到较快发展。加强职教社地方组织建设是巩固和壮大新时期新阶段统一战线的重要工作，能够发挥职教社凝聚引领的作用，聚集职业教育的社会力量，推动教育事业的发展；还可以发挥职教社的集约优势、规模优势，可以凝聚更多的学校、企业，在产学研合作、国际教育交流合作和学生师资培养合作上发挥优势，引入更多的资源来为社会赋能。区级职教社也是市级职教社开展活动、增强活力、服务社会的重要载体。

在上海市委统战部和各区委统战部的重视支持下，上海中华职教社坚持"建设与发展并举，以建设促发展，以发展带建设"的工作思路，2014 年，先后建立了普陀、青浦、金山、闸北、松江、宝山 6 个区级职教社组织，实现了全市 17 个区级职教社组织的全覆盖，成为全国最早一批实现区（市）级职教社组织全覆盖的地方社。

通过实现全市区级社组织全覆盖，进一步扩大了基层组织活动范围，不断增强了职教社影响力，加大了社员的凝聚力，同时也吸引了更多的职业教育界、民办教育界、经济界和科技界人士加入职教社组织。他们通过参与职教社的活动，更好地为服务全市经济社会发展大局贡献了自己的力量。

（四）打通深入基层、深入社员的服务网络

近年来，为进一步加强组织建设，打通服务社员"最后一公里"，上海中华职教社调整充实工作委员会、专家委员会，打造"社员之家"，探索在高校（职业院校）、职教集团、行业协会等建立新的组织形式，建立多层面、多方位、广覆盖的组织体系，增强职教社组织对职业教育、民办教育、职业培训、新阶层等行业中群众的联系、服务、凝聚作用。目前，共成立中青年工作委员会、第一工作委员会、上海中华职教社直属统战工作小组、上海出版印刷高等专科学校支社4个组织，设立12个社员之家，成立了专家委员会等专门委员会。这些组织突出专业性，体现灵活性，坚持常规性，各种活动开展得有声有色。如中青年工作委员会开展的"智慧众筹"公益项目，向社员筹集公益培训课时，所筹集的公益课时讲课费捐赠给上海中华职业教育温暖工程基金会，支持上海市温暖工程项目，受到了社内外的广泛好评。一工委组织开展长三角中华职教社基层组织暨社员单位联席会议活动等，在各领域传递上海中华职教社声音，凝聚上海中华职教社力量，发挥了独特作用。

立足新情况、新特点，上海中华职教社还把线上平台建设作为新常态。进一步用好互联网和新媒体平台，运用网站、微信公众号、抖音、微信群等新媒体平台，及时传播党和政府的方针政策、发布职业教育信息、反映社情民意、回应社员诉求，增强了吸引力和凝聚力。

四、强化机关建设，提升服务效能

加强机关建设，是履职尽责的前提和基础，也是工作顺利开展的

必要保证。以周汉民为主任的社务委员会领导班子始终把加强机关建设作为一项重要任务，要求机关干部传承"敬业乐群""责在人先，利居众后""金的人格，铁的纪律"等职教社光荣传统，把干部队伍建设与机关建设结合起来，打造一支高素质专业化干部队伍。同时，抓住机关建设年活动契机，以加强党的建设为引领、能力建设为关键、作风建设为保障，进一步提高学习能力、服务能力、改革创新能力，切实加强机关自身建设。

（一）坚持政治建社，创建学习型机关

创建学习型机关，是进一步加强机关建设、提升干部素质的重要载体，更是适应新形势，应对新挑战，做好新时代职教社工作的迫切要求。学习型机关是一项长期而重要的战略任务，党组织必须发挥政治引领作用，坚持在实践中不断探索新思路、新方法、新载体，不断强化学习型机关建设，持续抓好干部思想淬炼、着力培养"一专多能"的高素质干部，推动上海中华职教社工作高质量发展。

在创建学习型机关实践中，通过不断探索建立干部学习的长效机制，培育重视学习、崇尚学习、坚持学习的良好学风，进一步提高干部的业务素质和综合水平。

根据新时代新要求，当前上海中华职教社以党的二十大精神为重点着力抓政治学习，强化理论武装、坚定理想信念；以新《职业教育法》和中央统战工作领导小组工作意见为重点着力抓业务学习，掌握职教社工作所需的知识、技能、政策、法规。同时，为培育热爱读书的良好氛围，在社机关大楼设置"读书角"，组织"学社史、研业务、爱生活"读书活动，开展"从兴业路出发"红色文化资源寻访活动和"从雁荡路出发"职教先贤足迹寻访活动，在社机关掀起学习热潮。

（二）坚持服务兴社，创建服务型机关

服务型机关创建活动是上海中华职教社立足实际、转变工作作风、提升服务效能、促进高质量发展的一项重要举措。通过坚持以创建"服务型"机关为抓手，强化作风建设，营造出"服务兴社"的良好氛围。

一是提高认识，树立服务理念。通过开展"不忘初心、牢记使命"主题教育活动，围绕"学党史、悟思想、办实事、开新局"工作要求，推动干部队伍思想政治建设，提高干部的责任意识和服务意识。

二是完善制度，规范服务机制。创建服务型机关必须靠制度来实现和保证。上海中华职教社先后制定和完善了《重大事项议事规则》《办公行政会议议事规则》《社有资产使用管理规定》等制度；建立并坚持每两周由常务副主任主持召开一次的行政办公会议，通过制度保障服务规范化、高效化。坚持每年年终开展党内与党外相结合的谈心谈话、民主评议，不断提升服务中心大局、服务社员的能力和水平。

三是创新方法，改进服务手段。根据基层和社员所需，不断拓宽服务领域，改进服务手段，创新服务方法，提高服务质量。通过"请进来"举办职教沙龙、"走出去"走访调研，主动深入基层，实实在在帮助基层单位协调解决急难愁盼问题和热点难点问题。

服务型机关建设，还体现在连续三年多来的疫情防控工作中上海中华职教社和广大社员的担当和奉献。

自2020年新冠疫情发生以来，上海中华职教社成立了以周汉民主任为组长的新冠肺炎疫情防控工作领导小组，加强宣传引导，积极开展工作。在特殊时期，周汉民主任第一时间对贯彻上海市委、市政府的会议精神作出了明确指示，强调市区各级职教社、团体社员单位要

统一思想、坚定信心，积极行动、发挥作用，发扬百年职教社的光荣传统，切实做到思想上重视、责任上压实、落实上到位；机关党员、干部身体力行，发挥表率，广大职教人要体现职教人的责任担当、爱国为民情怀，做好决策部署的宣传者、有效防控疫情的践行者、保卫城市家园的奉献者，凝聚起联防联控、群防群治的强大合力。

在 2020 年疫情防范的关键时刻，上海中华职教社向全体社员发出全力支持打赢疫情防控阻击战的倡议，组织以中青委为依托，通过对接湖北省职教社、湖北省红十字会等公益组织进行捐资捐物爱心行动，累计捐款 847 048 元；在市委统战部直属机关党委的号召下，上海中华职教社机关全体党员捐款 9 566 元；广大社员还通过各种渠道捐赠口罩、消毒液等抗疫物资。上海中华职教社还组织采购 2 500 只口罩邮寄至香港职业训练局支援香港抗疫。

在 2022 年的大上海保卫战中，机关在职干部做到 100% 双报到，参与社区志愿服务近 400 人次，捐款 13 200 元。退休支部老同志捐款 2 300 元。全市各级职教社组织和社员累计捐赠价值 200 多万元的生活物资和 7 万多套防护物资。在社领导带领下，全体机关干部积极捐款，通过上海中华职业教育温暖工程基金会为全市封闭管理期间的西藏、新疆、云南、贵州等少数民族班的住校生，购买了急缺生活用品 14 800 多件，价值 30 万元，送给浦东临港、崇明、金山等 14 所学校的 1 800 余名学生。2022 年召开全市职教社系统"守护城市　抗击疫情"先进个人表彰会，在中华职教社成立 105 周年之际，对 105 名抗疫先进个人进行表彰。

抗疫期间，上海中华职教社领导带头开展走访调研，解决复工复产难点问题。周汉民主任率队，深入基层一线，先后走访调研近百家企业和团体社员学校，深入了解有关疫情防控措施、复工复学复产达产情况，提出具有针对性的建议，同时就部分企业用工难问题，积极联系职校和社员单位进行对接解决。在促进复工复产复学中，周汉民主任支持召开 7 期职教沙龙，形成了《返校复学的准备要力争百密无疏》《教培机构复学政策不能"一刀切"》《完成高职扩招 200 万需要破解的几个难题》等高质量建言，获得了市、部领导批示。

（三）坚持改革强社，创建创新型机关

改革是新时代职教社事业发展的强大动力。"惟改革者进，惟创新者强，惟改革创新者胜。"职教社的事业能够延续一百多年并且还在不断发展壮大，很重要的一个原因就是我们能够面对发展过程中不断出现的新情况、新矛盾、新问题，不断地与时俱进、开拓创新。踏上新征程，面对新任务，惟有坚持改革创新才能激发新的生机和活力。

2016 年，根据中央和市委关于开展群团改革试点工作的统一部署，上海中华职教社积极探索，扎实推进群团改革工作。在市委统战部群团改革领导小组的领导下，上海中华职教社立足于保持和增强组织的"政治性、先进性、群众性"与"统战性、教育性、民间性"的有机统一，通过"转职能、转方式、转作风"等改革举措，着力解决建设和发展中存在的困难和问题，把自身改革作为事关职教社建设和发展大局的大事抓好落实。

上海中华职教社成立了以周汉民主任为组长的群团改革试点工作领导小组，制定了工作计划，明确了工作分工、工作制度和工作职责。先后召开了区职教社领导、中青委领导、支社和社员小组代表、退休老同志代表、社机关干部等 6 场座谈会，深入广泛听取意见和建议，并进行了认真的梳理归纳，形成了上海中华职教社群团改革的 13 项问题清单。社领导专题向总社理事长陈昌智和总社机关汇报上海中华职

教社群团改革工作情况，听取总社的指导意见；并先后分别向市群团改革试点工作领导小组、市委统战部群团改革试点工作领导小组、市编办作专题汇报。历经 11 次修改完善，群团改革实施方案得以审核通过并公布实施，成为新时代上海中华职教社事业发展的指导性文件。

上海中华职教社办公大楼承载着职教社的百年发展历史，是中华职教社、上海职业指导所、中华第一职业补习学校、比乐中学以及《生活周刊》杂志等的办公旧址，是上海市市级文物保护单位、红色革命教育基地。大楼历经 90 多年的风风雨雨，出现楼体倾斜，结构强度下降，消防设施缺失等问题。为保护好这一历史建筑，上海中华职教社自 2020 年起开展加固大修工程。大修本着"修旧如旧"的原则，尽量保护大楼历史原貌。通过 2 年多的维修，作为上海市市级文物保护单位的中华职教社旧址胜利完工，这座具有悠久历史和深厚文化底蕴的历史建筑焕发出新的容光。

为更好地重温社史及回顾中国职业教育发展历史历程，上海中华职教社在办公大楼一楼设立社史展示厅，利用图文、实物及多媒体展示，将其打造成宣传百年职教社的窗口和名片。通过设立党员示范岗和开展讲史评星活动，在领导带头和党员示范下推动机关干部人人学习社史、人人宣讲社史。通过讲好讲透社史，讲好讲透大楼内的统战故事，营造知社爱社的浓厚氛围。

五、主要经验和体会

自第四届社务委员会以来的十四年间，以周汉民为主任的社务委员会继承发扬职教社光荣传统，坚持与时俱进，在进一步发挥职教社优势和特色中坚持以基层为根、以社员为本，认真开展建言献策、温暖工程、对外交流、拓展办学等各项工作外，不断探索新的工作方式，陆续创新并成功实践了"老三篇""新三篇""再三篇"，为新时代交出了不负先贤嘱托、不负伟大时代的优秀答卷，从中展现出时代特征、上海特色、上海中华职教社特点的新篇章。十四年来，在实践探索的过程中，上海中华职教社取得了一些宝贵经验，形成了一些规律性的认识和体会。

（一）坚持中国共产党的领导，是职教社事业发展的根本前提

坚持中国共产党的领导，是职教社当前最大的政治共识，是新时代做好职教社各项工作必须恪守的根本政治原则。作为中国共产党领导下的群众团体，十余年以来，上海中华职教社坚持团结引领广大社员，坚决捍卫"两个确立"，增强"四个意识"、坚定"四个自信"、做到"两个维护"，不断提高政治判断力、政治领悟力、政治执行力，在政治立场、政治方向、政治原则、政治道路上始终同以习近平同志为核心的党中央保持高度一致。实践证明，只有坚定不移支持和拥护党的领导，坚持正确发展方向，激发广大社员听党话、跟党走的政治自觉、行动自觉，自觉把"国之大者"作为"责之重者"，职教社事业才能持续深入健康发展。

（二）围绕中心、服务大局，是职教社事业发展的基本原则

在围绕中心中定位、在服务大局中尽责，是职教社开展一切工作的出发点和落脚点，也是新时代做好职教社工作理应遵循的基本原则，必须持之以恒，久久为功。中华职教社作为具有统战性的群众团体，是构建大统战格局的重要力量，服从和服务党和国家工作大局，服务统战工作，服务经济社会建设，服务职业教育的改革和发展是做好职

教社工作的关键所在。十余年间，上海中华职教社开展的建言献策、社会服务、海外联络等各项工作始都终紧密围绕党和国家的重要决策部署、围绕统一战线工作大局进行。实践证明，只有上接天线，把各项工作融入国家重大战略任务、融入上海经济社会发展之中去思考、去布局、去谋划，找准切入口、发力点，才能在中国式现代化伟大事业中发挥作用、体现价值。

（三）聚焦禀赋、发挥优势，是职教社事业发展的有效保证

上海是中华职教社的发祥地，一代又一代职教社人筚路蓝缕、砥砺前行，在此留下了许多薪火相传的宝贵精神财富。上海是黄炎培先生的故乡，黄炎培职业教育思想在此留有许多弥足珍贵的理论和实践第一手资料。上海还是国际社会观察中国的重要窗口，是国内大循环的中心节点、国内国外双循环的战略链接。十余年来，上海中华职教社聚焦资源禀赋和独特地域优势开展港澳台青年联谊交流、编撰《黄炎培职业教育思想普及读本》系列丛书、在中华职教社旧址开设社史展示厅等，产生了广泛的社会影响。实践证明，只有下接地气，充分利用好上海的独特地位和资源禀赋来认识上海中华职教社工作，才能做到"人无我有、人有我优、人优我特、人特我精"，推动上海中华职教社工作不辱门楣，不负使命，在新时代续写新华章。

（四）与时俱进、守正创新，是职教社事业发展的重要途径

百余年职教社历史就是一部与时俱进、不断创新的历史。106 年以来，在一个个重要历史关头，职教社始终坚持"爱国为国、爱民为民"的理想信念，主动置身于社会进步、民族解放、国家富强的事业，与时俱进，守正创新，推动事业持续发展。十余年来，上海中华职教

社开创并持续打造的"中华杯"职业技能竞赛、《上海职业教育事业蓝皮书》、中华助学金、港澳台职业院校师生和大学生研习营、海峡两岸暨香港职业教育论坛、西部地区职业院校院（校）长研修班等系列品牌，为服务国家经济社会建设、服务统战工作大局作出了积极贡献。实践证明，只有对标对表新时代新使命，不断开拓创新，勠力前行，才能为职教社事业永续发展不断注入新的生机和动力。

当前，全党全国各地都在认真学习贯彻党的二十大精神，上海中华职教社在第六届社务委员会的带领下，坚持以习近平新时代中国特色社会主义思想为指导，在全面学习、全面把握、全面落实上下功夫，自觉地用党的二十大精神审视自身工作、提高工作站位。2022年新《职业教育法》和中央统战工作领导小组意见赋予了中华职教社更多的新职责职能和新使命任务，上海中华职教社正在认真梳理可以做、应该做、亟须突破做的工作任务，在探索中谋发展，在创新中促提升，切实将党的二十大精神在职教社各项工作中落深落细落实。

无论走多远，都不能忘记来时的路。看清楚过去的奋斗路，是为了更加坚定地走好未来的奋进路。面对新时代的未来发展，上海中华职教社还要在增强吸引力、扩大影响力、提升服务力上进一步下功夫，按照群团组织"政治性、先进性、群众性"要求，结合"统战性、教育性、民间性"的特点，切实"转职能、转方式、转作风"，充分发挥联系广泛、人才荟萃的特点和优势，以职业教育为载体，以开展服务为纽带，努力推进爱国统一战线事业，积极服务上海现代职业教育高质量发展，不断完善服务社会民生各项举措，不断深化群团改革加强自身建设，努力成为统一战线凝心聚力的重要力量、职业教育改革发展的重要推手、民间外交和两岸合作的重要渠道。

栉风沐雨越百年，乘风破浪向未来。在向第二个百年奋斗目标进军中，上海中华职教社将在上海市委、市委统战部的坚强领导下，在中华职教社总社的关心指导下，从"顶天""立地"两个维度谋划事业发展，准确把握习近平总书记对新时代统战工作的定位和要求、现代职业教育高质量发展新任务，对标对表上海统战工作重点，立足上海中华职教社自身特点，继承传统，守正创新，努力开创上海中华职教社工作新局面，在以中国式现代化全面推进中华民族伟大复兴进程中彰显新作为。

第二章　聚焦技能成才，持续开展"中华杯"职业技能竞赛

　　党的十八大以来，以习近平同志为核心的党中央对全面深化改革作出重大决定部署，上海为促进创新驱动转型发展作出一系列战略决策，上海中华职教社围绕全面贯彻落实党和国家人才强国战略的中心任务，紧跟中央提出加快现代职业教育体系建设，培养高素质劳动者和技能型人才的要求，以为服务上海经济社会发展和全面深化改革提供强大人才队伍支撑为目的，秉承践行中华职业教育社"使无业者有业、使有业者乐业"宗旨，自2013年开始，设立了"面向社会、面向青年、面向技能"的上海市"中华杯"职业技能竞赛。竞赛的主办，对于推动职业人才培养模式的改革，更好地发挥上海中华职教社在职教改革发展中的作用，营建全社会崇尚职业教育的良好氛围发挥了重要作用。

一、"中华杯"职业技能竞赛的历史使命

（一）承载中华职教社光荣传统

　　"倡导、研究、推行职业教育"是有着106年创社历史的中华职业

▲ 2013 年 9 月 17 日，上海市首届"中华杯"职业技能竞赛启动仪式在静安公园隆重举行。图为上海市政协副主席、上海中华职教社主任周汉民（中），中共静安区委常委、统战部部长邓小冬（右），静安区绿化管理局局长黄彩娣（左）共同剪彩。

教育社的职志。立社之初，《中华职业教育社宣言书》中就将实现"学校无不用之成材，社会无不学之执业；国无不教之民，民无不乐之生；乃至野无旷土，肆无窳器，市无游氓，因之而社会、国家秩序于以大宁，基础于以确立"的美好愿景作为职教社的理想，并为之接续奋斗了百年。中华职教社在推进我国职业教育发展的进程中开创了历史上的多个第一。创办了第一份职业教育专门刊物《教育与职业》杂志，第一所专门以"职业"为名称的学校——中华职业学校，第一家农具推广所——中华新农具推广所，第一家职业指导机构——上海职业指导所，成为中国近代教育史上改革的先行者和职业教育发展的有力推动者。举办"中华杯"职业技能竞赛就是中华职教社立社精神在新时代的传承和实践。一方面，通过发挥中华职教社"统战性、教育性、民间性"的优势和特点，以"中华杯"职业技能竞赛的举办为载体，做好广大关心、支持、从事职业教育的人士和无数技术技能人才的凝心聚力和团结引领工作，构建"中华杯"多元参与的组织格局，推动新时代职业教育的改革发展。另一方面，通过将中华职教社倡导的职业教育理念融入办赛各个环节，在全社会营造重视职业教育、重视技术技能人才的良好氛围，积极推动国家重视技能、社会崇尚技能、人人享有技能的技能型社会建设。

（二）弘扬黄炎培职业教育思想

中华职业教育社在改革脱离生产劳动、脱离社会生活的传统教育的实践探索中，提出"谋个性之发展，为个人谋生之准备，为个人服务社会之准备，为国家及世界增进生产力之准备"的职业教育目的观，将"使无业者有业，使有业者乐业"作为立社宗旨，并在此基础上进一步提出"大职业教育主义思想"，形成黄炎培职业教育思想体系。"大职业教育主义思想"认为，"办职业学校的，须同时和一切教育界、职业界的沟通联络；提倡职业教育的，同时须分一部分精神，参加全社会的运动"，强调职业教育与社会的沟通，提倡办学宗旨、培养目标、办学组织以及办学方式的社会化。"中华杯"职业技能竞赛组委会主任、上海市政协副主席、上海中华职教社主任周汉民指出，"中华杯"职业技能竞赛确立的"面向社会、面向青年、面向技能"的竞赛宗旨，就是黄炎培职业教育思想中"大职业教育主义"在新时代的充分体现。通过组织开展"中华杯"职业技能竞赛，沟通培养端和用人端，推进职业教育与企业用工需求相结合，激励青年学子以赛促学提升技能水平，坚定走技能成才之路，更好地实现就业；帮助社会从业人员以赛促训精进技艺，培养锻造工匠精神，更加地敬业乐业。

（三）提升青年的职业技能素养

百年来，中华职业教育社将"教育救国、人才兴国、技能强国"理念贯穿始终，弘扬爱国精神，传播进步思想，从上海发端，辐射全国，先后共举办各级各类职业学校和农村改进区等城乡职业教育事业单位80余所，为中国革命、建设和改革时期培养了大批的优秀人才。中国特色社会主义进入新时代，迈向社会主义现代化国家新征程，需要着力实施科教兴国战略，强化现代化建设人才支撑，培养数以亿计的高素质劳动者和技术技能人才。作为实现技能型社会建设目标的关键，加大对青年技能人才的培养，这是时代的需要，也是对黄炎培倡导的"手脑并用、双手万能"职教理念的传承和践行。青年人在职业技能竞赛的历练中，通过理论学习与实践训练的结合，能够大大提升职业技能水平和职业综合素养，进一步明晰对未来职业的认识和选择。通过举办技能大赛系列活动，大力宣传党和国家关于加强技能人才工作的政策措施，展示职业教育最新成果和技能人才队伍建设成就，有利于激励和带动更多青年关心、热爱、投身职业技能提升，弘扬劳模精神、劳动精神、工匠精神，更好地在全社会营造劳动光荣、技能宝贵、创造伟大的社会风尚，造就更多高素质技术技能人才、能工巧匠和大国工匠。

（四）服务区域的经济社会发展

黄炎培职业教育思想的主要特征是：教育讲求实用，为发展生产、发展民族经济服务；在教育方法上，提倡教育与实践相结合，使人才能够服务于社会生产，服务于社会生活。举办"中华杯"职业技能竞赛，吸引包括产业、企业等多方主体共同参与，对职业教育产教结合新体制、工学结合现代教学制度和校企融合人才培养模式的形成和发展具有重要作用。"中华杯"职业技能竞赛的赛项设置与上海产业发展的最新技术和先进工艺相挂钩，并对标上海战略性新兴产业和新兴业态进行动态调整和更新；同时，竞赛项目的内容和形式来源于行业生产实际，以典型的工作任务为载体，还原行业真实的工作流程、工作岗位和工作场景，具有前瞻性、先进性、适用性、针对性等特点。通过大赛的举办，有助于构建形成与区域产业链及社会发展密切相关的专业群，推动专业紧密对接产业链，培养更多符合产业及企业需求的高素质技术技能型人才，为上海产业的转型发展、新旧动能转换提供有力的人力资源保障。

二、"中华杯"职业技能竞赛的发展历程

（一）发展概况

"中华杯"职业技能竞赛自 2013 年开始，至今已举办十届。十年来，在不断地创新发展中，"中华杯"职业技能竞赛形成了分赛道单双年轮流举办的赛制模式。逢单年，由上海中华职教社与上海市人社局、上海市教委作为共同主办方，举办面向教师的"中华杯"教师职业技能竞赛。逢双年，由上海中华职教社主办，邀请江苏、浙江、安徽三省地方职教社组织共同参与，并联合香港、台湾地区的有关机构，合作举办面向社会的"中华杯"职业技能竞赛暨沪港台邀请赛。共举办过 139 场涉及旅游服务类、信息技术类、现代加工类、汽车维修类、健康护理类、数字经济类等领域的职业技能竞赛，设置了 60 余个竞赛项目，其中不乏世界技能大赛热门项目。吸引了来自香港、台湾、本市及长三角地区的社会从业人员、职业院校师生和职业培训机构学员共 3 639 名选手参赛。

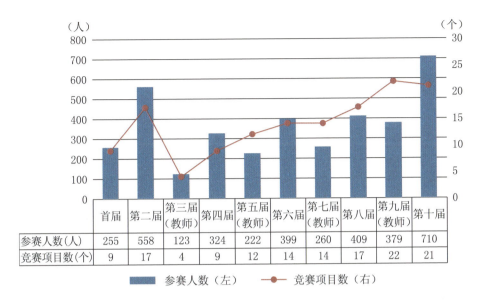

	首届	第二届	第三届 (教师)	第四届	第五届 (教师)	第六届	第七届 (教师)	第八届	第九届 (教师)	第十届
参赛人数(人)	255	558	123	324	222	399	260	409	379	710
竞赛项目数(个)	9	17	4	9	12	14	14	17	22	21

■ 参赛人数（左）　　—●— 竞赛项目数（右）

图 2.1　十届"中华杯"职业技能竞赛参赛人数和竞赛项目数

　　竞赛活动充分发挥了职教社"统战性、教育性、民间性"的特色和优势，得到社会各界的积极响应和来自政府、社团、行业协会、企业、职业院校、教育培训机构的广泛参与，团结了包括香港、台湾地区在内的各类职业技能型人才，已成为推动职业教育高质量发展，服务青年统战工作的有力抓手和工作品牌。

（二）活动特点

　　1. 打响品牌效应，赋予"中华杯"厚重鲜活的时代意义

　　今天，从世界技能大赛、国家技能大赛到省市级技能大赛，从职业院校技能大赛到行业企业技能比武，各种规模、各种形式的竞赛活动，为技术技能型人才脱颖而出提供了广阔舞台，为全社会尊重重视职业教育营造了良好氛围。"中华杯"职业技能竞赛的创立，源自对具有百年创社历史、始终致力于推动我国职业教育发展的中华职业教育

社立社精神的传承和发扬，其深厚的历史底蕴和蕴含的品牌意义，使"中华杯"竞赛成为有别于其他赛事，极具职业教育推广意义和推动就业创业现实价值的一项公益性竞赛活动。

十年来，"中华杯"职业技能竞赛认真践行黄炎培职业教育思想，以"大职业教育主义"视角推进竞赛活动的开展，始终坚持"面向社会、面向青年、面向技能"的竞赛宗旨，从社会需要出发，实现了教育界、职业界的密切沟通，联络发挥了社会各方面力量。竞赛项目的设置，既考虑与民生息息相关，满足市民高品质生活的需要，又紧跟现代产业发展方向，符合本市先进制造业、战略性新兴产业、现代服务业发展需求，共设置了健康照护、咖啡制作、工业机器人操作与运维、物联

▼ 2014 年 10 月 18 日，上海市第二届"中华杯"艺术美甲职业技能竞赛在上海市南湖职校举行。竞赛集技能、时尚、艺术为一体，吸引了沪上美容美甲行业人士的关注和积极参与。

网云平台开发与应用等60余个竞赛项目。竞赛不设门槛，各行各业的青年技能人才都可以在"中华杯"的竞技平台上得到锻炼和展示，许多青年正是通过参加"中华杯"竞赛提升了技能水平，明确了职业方向，进而实现了更好的就业，甚至走向创业。比如连续举办三届的"中华杯"艺术美甲职业技能竞赛，通过与行业竞赛相结合，吸引了大批美甲从业人员参赛，有的人从参赛选手晋升为"中华杯"竞赛评委，有的人成功开了美甲店，圆了自己的职业梦想。"中华杯"职业技能竞赛真正践行了"使无业者有业，使有业者乐业"的立社宗旨。

2. 发挥"三性"优势，构建"中华杯"多元参与的组织格局

职教社是具有"统战性、教育性、民间性"的群众团体，是统一战线的重要力量。"统战性、教育性、民间性"是职教社的三大特点，也是三大优势。上海中华职教社在巩固和发展新时代爱国统一战线的实践中，形成了以职业教育为工作载体，以民间外交为便利条件的统战工作特点，通过加强对职业教育界和民办教育界的领导，在推动职业教育发展的过程中，把职业教育作为桥梁纽带，做好广大关心、支持、从事职业教育的人士和无数技术技能人才的凝心聚力和团结引导工作，成为构建大统战工作格局的重要力量。"中华杯"竞赛办赛过程充分发挥了"三性"优势，处处体现了"三性"特点。

一路走来，"中华杯"职业技能竞赛通过充分发挥"统战性、教育性、民间性"优势，以竞赛为链接点和突破口，进一步"破圈"和"扩圈"，得到了社会方方面面的大力支持和广泛参与，形成统战引领、教育主导、多元参与的办赛合力。从首届竞赛与上海市成人教育协会携手合作，到陆续与上海市人力资源和社会保障局、上海市教育委员会、台湾中华商业职业教育学会、台湾私立科技大学校院协进会、台湾海峡两岸教育交流促进协会、香港教育局、香港职业教育训练局、

▲ 2014年9月17日,上海市第二届"中华杯"职业技能竞赛启动仪式在浦东世纪公园隆重举行。图为上海市政协副主席、上海中华职教社主任周汉民(中),中共上海市委统战部副部长吴捷(右),中共浦东新区区委常委、统战部部长陈庆善(左)共同启动竞赛。

江苏省中华职业教育社、浙江省中华职业教育社、安徽省中华职业教育社以及法国国家厨艺协会等地方政府部门、社会组织和群众团体、国际行业组织建立合作关系,实现了跨地区、跨部门、跨行业的大竞赛组织格局。竞赛活动得到了市区各级统战部门以及各区党委政府的高度重视和大力支持。市委统战部和赛事承办所在区的区委统战部对竞赛相关工作进行直接指导并给予有力支持,部分区四套班子领导集体出席竞赛启动仪式和颁奖仪式。

正是得益于大统战工作格局下的凝聚作用,"中华杯"职业技能竞赛的参与面和影响力日益扩大。分别组织举办过"中华杯"职业技能

▲ 2021年9月26日，第九届上海市"中华杯"教师职业技能竞赛启动暨"创意设计"竞赛颁奖仪式在奉贤区博物馆隆重举行。上海市政协副主席、上海中华职教社主任周汉民（中），中共奉贤区委书记庄木弟（右三），上海市教委副主任、市中华职教社副主任毛丽娟（右二），中共奉贤区委副书记骆大进（左二），中共奉贤区委常委、统战部部长包蓓英（右一），奉贤区人民政府副区长、奉贤中华职教社主任袁园（左一）等领导出席活动。上海市中华职教社副主任胡卫（左三）主持活动。

竞赛两岸三地邀请赛、"中华杯"职业技能竞赛沪台邀请赛、"中华杯"职业技能竞赛沪港交流赛、"中华杯"职业技能竞赛长三角总厨中式烹饪比赛等，吸引了来自香港、台湾、上海及长三角地区各行业青年技能人才参赛，为广大职业技能型人才的成长成才搭建了很好的舞台。

3. 依靠各级力量，确保"中华杯"规范专业的办赛水平

职教社事业取得的成绩，都是在各级党委、政府特别是党委统战部的领导和关心下，在政府各有关部门的大力支持下，全体社员积极响应和共同努力的结果。"中华杯"职业技能竞赛能够连续举办十届，并且

▲ 2020 年 12 月 20 日，第八届上海市"中华杯"职业技能竞赛闭幕暨颁奖大会在上海市群益职业技术学校隆重举行。上海市政协副主席、上海中华职教社主任周汉民（中）出席并讲话。上海中华职教社副主任马国湘、程裕东（左三）、张岚（左二）、李国华（右三），民进湖南省委专职副主委马石城（左四），闵行区委常委、统战部部长李红珍（右四），闵行区人民政府副区长刘艳（左一）等领导出席活动。上海中华职教社副主任胡卫（右二）主持颁奖大会。

越办越好、越办越大，同样离不开各级力量的勠力同心。通过依靠职教社各级组织力量，形成市区联动的组织网络，充分调动和发挥各级组织作用，各尽所能，各负其责，为成功办赛提供了有力的组织保障。

竞赛伊始即搭建完备的竞赛组织架构。成立"中华杯"职业技能竞赛组委会，由上海市政协副主席、上海中华职教社主任周汉民担任竞赛组委会主任，领导和统筹竞赛活动。竞赛组委会下设竞赛活动办公室，负责竞赛活动具体工作的整体推进和组织实施。各区中华职教社、区人社局、区教育局和有关培训机构具体承办赛事，建立相应的赛区竞赛领导小组和项目办公室，做好参与各项竞赛和承办竞赛项目的组织工作。按照严格、公正、透明，注重质量和信誉的办赛要求，竞赛组委会严格规定竞赛要求和程序，统一印发《竞赛手册》，通过召开前期工作会和后期现场会的方式，部署检查各赛区备赛情况，提出改进要求，保证赛事各环节考虑周全，安排到位。

在竞赛的过程中，"中华杯"职业技能竞赛不断得到业内专家和业界力量的加持。有享受国务院特殊津贴的中国插花花艺大师、中国插花花艺协会常务理事、上海插花花艺协会副会长梁胜芳为代表的竞赛评委的加入，有来自市食品协会咖啡专业委员会、上海总厨联盟等行业协会的支持，以及职教社所联系的团体社员院校、企事业单位的积极响应和广泛参与，确保了办赛的质量和水平。"中华杯"赛事在政府、企业、行业、学校之间架起沟通联系的桥梁，形成以赛促学、以赛促训、以赛促教、以赛促业的良性互动，成为推动职业教育高质量发展，促进就业创业，服务经济社会发展的一个重要着力点。

（三）探索举措

首届"中华杯"职业技能竞赛的成功举办得到了各级领导的充分肯定和社会各界的广泛关注。时任中华职业教育社理事长张榕明作出重要批示，肯定"中华杯"职业技能竞赛体现了黄炎培职教思想，发挥了职教社的作用，扩大了社会影响，为新时期"使无业者有业，使有业者乐业"开拓了好的模式，并指示将上海中华职教社的总结报告转发全国各省市职教社学习借鉴。时任中共上海市委常委、市委统战部部长沙海林也作出批示，称赞上海中华职教社"中华杯"职业技能竞赛是围绕中心、服务大局的主动有为之举，很有意义，希望长期坚持，形成品牌。

自此，"中华杯"职业技能竞赛朝着体现特色、形成品牌的目标，坚持在创新中发展，在发展中继续创新。通过进一步发挥"统战性、教育性、民间性"的特点和优势，加强同各级党委政府、行业企业、职业院校、培训机构等的密切联系，加强同港台地区、长三角地区的交流合作，不断整合资源、依靠合力，在一届又一届成功办赛的实践中，努力将"中华杯"职业技能竞赛办成为富有职教社自身特色、体现统一战线作用发挥、适应时代发展需要的品牌项目。

1. 以"对象 +"拓宽"中华杯"竞赛覆盖面

"面向社会、面向青年、面向技能"是"中华杯"职业技能竞赛始终遵循的宗旨。为进一步扩大竞赛的社会参与面，让更大范围、更多领域的青年技能人才通过"中华杯"的竞技平台得到技术技能的锻炼提升和职业发展的空间机会，"中华杯"探索通过"对象 +"模式，打破体制壁垒，跨越地域限制，不断扩大参赛范围，拓宽竞赛的覆盖面和影响面。

▼ 2014 年 11 月 8 日，上海市第二届"中华杯"职业技能竞赛颁奖大会在上海海洋大学隆重举行。图为周汉民（左六）与香港代表团及获奖选手合影。

　　参赛对象新增港台选手，实现沪港台技能人才在"中华杯"的竞技平台上同台竞技。在首届竞赛仅面向本市企事业单位在职人员和社会培训机构在学人员的基础上，第二届"中华杯"职业技能竞赛就以"走出去""请进来"的方式，主动邀请香港、台湾地区组队参赛，首次实现了沪港台选手在"中华杯"的赛场上同台竞技，拓展了沪港台职业技能交流的平台。本届竞赛共设置了17个职业技能竞赛项目，其中3个为两岸三地邀请赛项目，共有558名选手参赛，竞赛项目和参赛规模都较前一届翻了一番。颁奖大会在上海海洋大学隆重举行。上海市政协副主席、上海中华职业教育社主任周汉民，香港教育局副秘书长卢世雄，香港职业教育训练局执行干事尤曾家丽，台湾中华商业职业教育学会理事

▼ 2020年9月26日，第八届上海市"中华杯"职业技能竞赛启动仪式暨长三角总厨中式烹饪比赛，在青浦区上海工商信息学校隆重举行。图为上海市政协副主席、上海中华职教社主任周汉民（左三），江苏省政协副主席、江苏省中华职教社主任洪慧民（右三），中共上海市委统战部副部长、市民族和宗教事务局党组书记王霄汉（左二），中共青浦区委常委、区委统战部部长王凌宇（右二），浙江省中华职教社副主任潘云峰（右一），安徽省中华职教社办公室主任汪红兵（左一）共同启动竞赛。

长陈永盛等领导嘉宾出席并讲话。在之后逢双年的竞赛中，沪港台邀请赛被固定下来，成为"中华杯"竞赛不可分割的一部分。

参赛对象新增长三角选手，让三省一市的技能人才共同在"中华杯"的大舞台上切磋技艺。为积极贯彻落实党中央、国务院关于推进长三角一体化发展国家战略和深化职业教育改革的决策部署，通过以"中华杯"竞赛为载体，不断深化沪苏浙皖中华职教社的紧密合作，从2019年邀请长三角兄弟省社观摩第七届"中华杯"竞赛活动，到2020年第八届"中华杯"竞赛，克服疫情防控压力，专门设立长三角总厨中式烹饪竞赛项目，再到第九届、第十届"中华杯"竞赛全部竞赛项目向长三角地区开放，让长三角三省一市的技术技能人才实现了在"中华杯"竞赛平台上的交流互鉴和合作共进。江苏省政协副主席、江苏省中华职教社主任洪慧民，代表长三角省级中华职教社连续两届分别专程到会或以线上视频方式出席竞赛活动并讲话。"中华杯"职业技能竞赛作为落实沪苏浙皖中华职业教育社长三角一体化发展合作协议的有益探索和实践，已成为推进长三角一体化发展战略，服务区域经济社会发展的重要载体和平台。

2. 以"形式+"提升"中华杯"竞赛适用性

2015年成为职业教育改革发展的贯彻年和关键年。《上海市政府关于加快发展现代职业教育的决定》《上海现代职业教育体系建设规划（2015—2030年）》相继出台，国家教育综合改革试验区建设全面启动，补短板和解决突出问题成为影响职业教育改革发展进程的关键一步。面对全国人大常委会在职业教育法执法检查报告中指出的职教师资队伍建设不适应职业教育发展需要的主要问题，要求把补齐"双师型"教师不足短板作为推动职业教育改革发展的发力点，"中华杯"探索通过"形式+"模式进一步提升竞赛的适用性，以赛促教，推动解

▲ 2017 年 11 月 12 日，第五届上海市"中华杯"教师职业技能竞赛颁奖大会在上海海事大学附属职业学校举行。图为周汉民（右一）为获得优秀组织奖的单位颁奖。

决职业教育师资队伍建设问题。

　　创新双赛制组织形式，形成分赛道单双年轮流举办的赛制模式，让"中华杯"竞赛兼具普适性和针对性，既有面向社会多群体开展的分类竞赛，又有面向特定群体开展的专门竞赛。"中华杯"职业技能竞赛自第三届起，逢单年举办专门面向教师的"中华杯"教师职业技能竞赛，由上海中华职教社与市人社局、市教委作为共同主办方。竞赛打破体制和地域限制，参赛对象包括本市及长三角地区中高等职业院校任教的专业教师（包括实习指导教师）、高技能人才培训基地及社会培训机构相关专业的培训教师，覆盖公办、民办、企业教师，实现了体制内体制外教师同等条件参赛，中高职教师同台竞技。目前已举办了第三届、第五届、第七届、第九届共四届"中华杯"教师职业竞赛，为职教教师搭建了一个提升职业技能水平和教学能力的平台，为加强本市"双师型"教师队伍建设，推动上海职业教育改革，加快发展现

◀ 2018 年第六届上海市"中华杯"职业技能竞赛——沪台邀请赛古典与创新调酒项目比赛现场。

◀ 2018 年第六届上海市"中华杯"职业技能竞赛——沪港青年交流赛中药饮片识别项目比赛现场。

代职业教育贡献了积极力量。

逢双年举办面向社会的"中华杯"职业技能竞赛暨沪港台邀请赛。竞赛由上海中华职教社主办，邀请江苏、浙江、安徽三省地方职教社组织合作举办，并联合香港、台湾地区有关机构共同参与。这种不设门槛、全纳式准入的做法，贯彻了"面向社会、面向青年、面向技能"的竞赛宗旨，充分扩大了"中华杯"竞赛向社会的开放度，让"技能成就梦想"的舞台惠及更多更广大的职业技能人才，在全社会营造了"劳动光荣、技能宝贵、创造伟大"的时代风尚。通过"中华杯"的

平台，能够让更多的技术技能型人才脱颖而出，能够鼓舞越来越多的
青年人走上技能成才之路，能够让凝神专一、精益求精、追求卓越的
"工匠精神"成为新时期的时代强音。

3. 以"内容＋"释放"中华杯"竞赛溢出效应

"中华杯"职业技能竞赛不仅只是一场竞赛，作为一个活动载体和
开放平台，通过竞赛内容的嫁接、衍生活动的融入、年度主题的结合，
力求充分释放出竞赛的溢出效应。

融入职业技能鉴定考核内容。将国家职业资格鉴定考核与竞赛形
式相结合，实现了职业资格证和竞赛荣誉证双证持有。为进一步提高
"中华杯"竞赛的含金量，在第三届"中华杯"教师职业技能竞赛上，
设立四个竞赛项目：电子商务师（三级）、汽车维修工（三级）、数控

▼ 2016年1月30日，上海市第三届"中华杯"职业技能竞赛颁奖大会在徐汇区业余大学举
　行。上海市政协副主席、上海中华职教社主任周汉民（左三），中共市委统战部副部长虞丽
　娟（右三），上海市人力资源和社会保障局副局长、上海中华职教社副主任张岚（右二），上
　海市教育委员会原副主任、上海中华职教社副主任陆靖（左一），中共徐汇区委统战部部长
　冷旭生（左二）出席。上海中华职教社副主任李明（右一）主持颁奖大会。

车工（三级）和计算机网络技术人员（三级），均是来自国家职业能力鉴定考核目录中的项目。并专门针对参赛对象皆为从事职业教育的教师，设计了以提高教师职业技能水平与提升教育教学能力相融合的竞赛内容和形式，分初赛和决赛两个赛段。初赛包括理论知识比赛和操作技能比赛，考核内容按照上海市职业技能竞赛组委会办公室公布的竞赛考核内容实施，成绩合格者可获得国家职业资格三级证书。初赛成绩排名前15名的选手进入最终决赛，进行教学能力的比拼。来自本市职业院校、企业高技能人才培训基地及社会培训机构相关专业的123名教师报名参赛，超过半数的参赛教师获得国家职业资格高级证书。"中华杯"教师职业技能竞赛也被列入市级二类竞赛。

▼ 第八届上海市"中华杯"职业技能竞赛闭幕式暨颁奖大会设置非遗长廊、智能天地、美食工坊外场展示。图为与会领导观摩非遗传承技艺展。

融入职业技能成果展示。在历届"中华杯"职业技能竞赛的开闭幕式上，都增设了外场职业技能展示环节，让参会人员和参赛选手近距离感受包括非遗传承技艺、现代智能创造、地方传统技艺在内的中华技艺的匠心传承和职业教育的最新成果。要让博大精深的中华文明和与时俱进的创造精神同时在"中华杯"的竞技舞台上熠熠生辉，并通过媒体的广泛宣传，让职业教育"长入经济、汇入生活、渗入人心、融入文化、进入议程"的改革发展成果深入人心。比如，非遗传承人和工匠大师们在现场展示过扬帮古书画修复、颛桥剪纸、虹桥面塑、华漕漆艺、七宝皮影、浦江刺绣、罗泾十字挑花、六神丸制作等非遗项目，也结合区域特点现场展示过瓷刻、陶艺、竹编、南翔小笼等地方传统技艺，以及无人机、3D 打印、人工智能机器人、云端智能机器人等现代智能创造技术。每一次展示现场都吸引了与会观众的积极围观和互动。

融入年度主题活动。2019 年结合第二届世界人工智能大会在上海成功举办，第七届"中华杯"教师职业技能竞赛以"融合人工智能　启迪未来职教"为主题，竞赛开幕式搭配 AI+ 泛职业教育论坛，以一种全新的视角和方式，在关注职业技能本身的同时，引入对未来职业教育的深入思考和大胆探索，赋予了竞赛活动新的时代意义。上海市政协副主席、上海中华职业教育社主任周汉民作了题为"人工智能创造更加美好的未来生活"主旨演讲，中国科学院院士、华师大软件工程学院院长何积丰等 5 位专家学者分享人工智能的前沿话题，就人工智能给人们的生活以及教育带来的挑战、变化、创新和应用引发了一场头脑风暴。上海及长三角范围、京津冀范围以及粤港澳大湾区范围的职业院校代表和信息科技企业代表与会，共同探讨 AI 时代的泛职业教育新模式。2021 年，围绕庆祝中国共产党成立 100 周年，第九届"中

▲ 2019 年 9 月 21 日，第七届上海市"中华杯"教师职业技能竞赛暨 AI+ 泛职业教育论坛在上海信息技术学校举行。上海市政协副主席、上海中华职教社主任周汉民（右二）出席并作主旨演讲，中共上海市委统战部副部长严军（左二）、普陀区人民政府副区长王珏（右一）出席并致辞，上海中华职教社副主任胡卫（左一）主持仪式。

华杯"职业技能竞赛推出以"百年华诞·创意无限"为主题的"创意设计"竞赛项目作品展，以包装创意设计、视觉传达创意设计、数字创意设计、传统文化创意设计、空间创意设计等多种形式，充分体现了技能让生活更美好的职业教育发展成果。还有包括 3D 数字游戏艺术竞赛暨长三角城市数字技能人才培育实践专题研讨会、工业机器人操作与运维竞赛暨松江区首届工业机器人论坛等分赛项与主题活动的融合，实现了基于竞赛驱动的深度挖掘、深度融合，取得了"1+1 > 2"的实际效果。2022 年，围绕喜迎党的二十大召开和习近平总书记致中华职教社成立 100 周年贺信 5 周年暨立社 105 周年，第十届"中华杯"

职业技能竞赛活动烘托"弘扬、庆祝、践行"的主题，充分彰显职业教育技能成才、匠心筑梦的时代价值，积极营造"劳动光荣、技能宝贵、创造伟大"的时代风尚，继承弘扬黄炎培大职业教育思想，以实际行动推动现代职业教育高质量发展。上海市社会从业人员、职业院校师生、社会培训机构学员以及长三角地区部分职业院校学生 700 余人参加竞赛。63 万余人次通过线上直播观看了启动仪式。

（四）取得成效

"中华杯"职业技能竞赛立足秉承中华职业教育社"使无业者有业，使有业者乐业"的职志，践行"手脑并用，双手万能"的黄炎培职教思想，弘扬"劳动光荣、技能宝贵、创造伟大"的时代风尚，是一次将中华职业教育社倡导、研究、推行职业教育的历史使命与持续培养更多高素质技术技能人才、能工巧匠和大国工匠的时代需求相结合的有益实践。赛事活动一经提出即得到了社会各界的积极响应，得到来自政府、社团、行业协会、教育培训机构等的关注和支持，特别是得到香港、台湾地区有关职教同仁的认同和回应，竞赛的规模和影响力一届大过一届，在推动职业教育高质量发展和推进统战工作创新上取得了显著成效。

一是成为培养高素质技术技能人才的重要舞台。十年来，有数千名涉及旅游服务类、信息技术类、现代加工类、汽车维修类、健康护理类、数字经济类等职业领域的社会从业人员以及职业院校师生和职业培训机构学员在"中华杯"的竞赛平台上得到展示和鼓励，获得锻炼和提高，成长为业内佼佼者。其中包括来自香港、台湾以及长三角地区的青年从业者和职业院校师生。"中华杯"职业技能竞赛为技术技能型人才提供了展示技艺、切磋技能的平台，为普通劳动者提供了人生出彩的机会，成为让无数优秀技能人才脱颖而出的圆梦舞台。同时，通过竞赛活动的广泛宣传和媒体报道，向社会播下"技能梦想"的种子，更激励了广大青年走技能成才、技能报国之路。

二是成为展示职业教育创新成果的特色窗口。职业教育肩负着培养多样化人才、传承技术技能、促进就业创业的重要职责，是保护、传承非物质文化遗产的一支重要力量。"中华杯"职业技能竞赛不单只是一项项职业技能的比拼，更是一次次职业教育创新成果的展示和中华优秀传统文化的传播。作为"中华杯"职业技能竞赛系列活动中的一个重要内容和精彩看点，在历届竞赛活动的开闭幕式上都设计有不同主题的职业教育创新成果展，举办过"技能造就美好·携手助力世赛"职业技能成果展、"技砺匠心·智创未来"职业技能成果展、"百年华诞·创意无限"竞赛项目作品展、非遗技艺项目展示等活动，成为让职业教育最新成果看得见、摸得着、体验得上的特色窗口。

三是成为加强沪港台青年交流合作的桥梁纽带。"中华杯"职业技能竞赛以职业技能交流为载体，为沪港台职业院校师生架起了加强交流、展示技艺、增进认知的桥梁。选手在构思准备作品主题的过程中，加深了相互了解，找到了文化依归，强化了共同家园的认识。比如在第二届"中华杯"职业技能竞赛艺术彩绘甲项目上，沪台两地选手紧扣"两岸情、中国梦"的主题，在小小的甲片上演绎了《祖国啊母亲》《同根生》等主题，选手通过对作品的设计，表达对美好、繁荣、幸福、团圆的追求和向往，传递和平发展的主旋律。香港、台湾的参赛选手在沪期间，还参加了一系列的文化交流活动，通过以赛会友、以文交友，"中华杯"竞赛为沪港台青年搭建了交流、竞技、联谊的平台，为开展港澳台青年统战工作开辟了新路径。

三、"中华杯"职业技能竞赛的未来展望

上海市政协副主席、上海中华职教社主任周汉民在出席第十届"中华杯"职业技能竞赛闭幕式上的讲话中指出，要从"中华杯"十年发展历程中汲取力量，发扬上海作为中国现代职业教育发源地和改革开放排头兵、创新发展先行者的开拓进取精神，进一步提高站位、胸怀全局、统筹谋划，持续提升竞赛规格，不断优化赛制，扩大参赛范围，助力上海职业教育走好新时代的赶考之路，为中国式现代化建设输送更多大国工匠、能工巧匠，作出无愧历史、无愧时代、无愧职教的积极贡献。结合上述指导精神，对"中华杯"职业技能竞赛今后的发展有如下展望。

（一）加大竞赛开放与普及力度

加大"中华杯"职业技能竞赛的开放与普及力度，是进一步扩大"中华杯"影响力，做强工作品牌的必由路径。应对标中办国办印发的《关于加强新时代高技能人才队伍建设的意见》中关于完善职业技能竞赛体系的要求，"广泛深入开展职业技能竞赛，完善以世界技能大赛为引领、全国职业技能大赛为龙头、全国行业和地方各级职业技能竞赛以及专项赛为主体、企业和院校职业技能比赛为基础的中国特色职业技能竞赛体系"，着力将"中华杯"职业技能竞赛主动融入职业技能竞赛体系，加强与世界技能大赛、全国性赛事的对接，成为中国特色职业技能竞赛体系中有益的补充。要充分发挥职教社"统战性、教育性、民间性"优势，主动争取中华职业教育社（总社）、上海市委统战部的关心支持，继续加强与教育行政部门、人社部门的紧密合作，不断拓

展与社会组织、行业协会和企事业单位的深度合作，进一步扩大地区参赛人员的范围，提高竞赛的普及性和影响面。同时，要从多个维度发力进一步加大竞赛的开放与普及力度，在传播学的意义上加大竞赛的宣传推广；在社会学意义上提倡各界对竞赛的价值认同；在教育学的意义上加大竞赛成果的学习推广，要以最大程度的开放与最大范围、最广层面的普及，落实黄炎培倡导的"职业教育是面向人人、面向全社会的教育"的主张。

（二）规范与创新竞赛办赛模式

规范与创新"中华杯"职业技能竞赛，这是确保"中华杯"生命力的关键。要像普通教育重视高考一样重视技能大赛，要像做好高考工作一样办好技能大赛，确保职业技能竞赛的规范性，并且通过创新确保竞赛的时代性。对"中华杯"职业技能竞赛的举办要进行统筹谋划，对其赛制、比赛程序、评价主体、评判标准等进行科学设计，通过竞赛的规范性保证竞赛结果的公正性，进一步彰显"中华杯"职业技能竞赛的权威性。通过"岗课赛证融通"，实现"以岗定课、以赛促课、以证融课"，推动职业院校人才培养模式的改革完善。推行"赛展演会"结合的办赛模式，创新"中华杯"职业技能竞赛的组织，进一步扩大"中华杯"的社会影响，通过持续提升竞赛规格，将其打造成中国特色职业技能竞赛体系中的品牌赛事。

（三）推动竞赛成果的有效转化

推动竞赛成果的有效转化是"中华杯"职业技能竞赛举办的重要目标，是其"溢出效应"的关键体现。职业技能竞赛本身并不是目的，让竞赛的成果更多地惠及院校学生和社会从业人员，使得他们得到更好的成长，让职业教育和职业技能被越来越多的人所认可，这才是举办竞赛的价值所在。为此，要对竞赛活动成果进行深入总结，通过"对象+""内容+""形式+"的进一步深化，确保竞赛"溢出效应"的体现和提升。具体来说，要通过"对象+"，进一步扩大参赛覆盖面，畅通竞赛成果转化渠道；通过"内容+"，进一步将"中华杯"竞赛的目的意义、职业教育的最新成果和时代要求相融合，更好地传递到人才培养与员工培训之中；通过"形式+"，进一步探索多样化的竞赛模式，丰富竞赛类型，并结合信息化技术手段的运用，扩大竞赛成果转化的服务面，持续提升"中华杯"职业技能竞赛的适用性和社会影响力。

（四）服务上海创新型经济建设

通过竞赛推动区域经济的建设发展，这是对职业技能竞赛改革发展提出的一个更高要求。对于"中华杯"职业技能竞赛来说，今后，要着力发挥其对于服务上海创新型经济建设的重要作用。一是要优化赛项的设置，对应战略性和前瞻性的新兴产业集群设置相关赛项。如对上海的先进制造业而言，要通过相关竞赛的举办，为构建"3+6"新型产业体系，为发挥集成电路、生物医药、人工智能三大先导产业的引领作用，推动电子信息、生命健康、汽车、高端装备、先进材料、时尚消费品六大重点产业的建设发展培养大批高技能人才，并积极朝着上海要全力打造具有世界影响力的未来产业创新高地目标进行新的实践探索。结合最近一届的"中华杯"职业技能竞赛，尽管所涉及的职业技能竞赛项目赛项已达到21个，但在赛项涉及的产业类型上，仍不能满足当前产业发展的需要。今后，需进一步提升新兴战略性产业的赛项占比，同时紧跟数字经济、绿色低碳、元宇宙、智能终端等新赛道领域。二是要将职业技能竞赛中蕴育的劳模精神、劳动精神和工匠精神，通过企业员工参与竞赛，抑或依托培训、宣传等渠道和方式，推动上海建成一支高质量的产业大军，推动上海的产业界和企业界涌现出更多的全国劳模、大国工匠，助力新型经济的质量提升和高质量发展。

2022 年，新修订的《中华人民共和国职业教育法》首次将开展职业技能竞赛写进法律条文，明确提出"国家通过组织开展职业技能竞赛等活动，为技术技能人才提供展示技能、切磋技艺的平台，持续培养更多高素质技术技能人才、能工巧匠和大国工匠"。国家把开展职业技能大赛上升到法律层面来推进，可谓力度空前。

未来，从国家到地方，从社会到行业，各个层面必然会进一步加大对职业技能大赛的支持力度，并将不断地完善相应的组织体系。"中华杯"职业技能竞赛将以此为契机，进一步解放思想，以更加开放的心态跳出竞赛办竞赛，努力沟通联络教育界、职业界，坚持围绕中心、服务大局，以创新驱动求发展，以深化合作求共赢，做好新时代下黄炎培大职业教育思想这篇大文章，将"中华杯"职业技能竞赛打造成为培养高素质技术技能人才的重要舞台、展示职业教育创新成果的特色窗口和加强沪港台青年交流合作的坚实桥梁，为全面建设社会主义现代化国家提供有力的人才和技能支撑。

第三章　集聚专家智慧，开启职教 蓝皮书编撰先河

　　《上海职业教育事业蓝皮书》（以下简称《蓝皮书》）是上海中华职业教育社担纲编写的年度系列丛书。自 2014 年起，上海中华职教社每年都出版发行一本上海职业教育事业的蓝皮书，到 2022 年共出版 9 本《蓝皮书》，有效发挥了上海中华职教社的建言献策功能，对于推动上海职教改革与发展发挥了积极作用。《蓝皮书》的出版和发布，是上

2014—2022 年《上海职业教育事业蓝皮书》▶

海中华职教社在推动区域经济社会发展方面发挥更大作用的鼎新之举，迈出了上海中华职教社参与改革攻坚、创新探索新征程的第一步。

一、《蓝皮书》编撰的价值与意义

（一）突出第三方视角的纪实性专业性

蓝皮书通常是由第三方完成的综合研究报告，既具有非官方的独立性，又具有区别于单纯民间的专业性，代表了学者的观点或者研究团队的学术观点。《蓝皮书》就具有这样的特殊性，其立足第三方立场，突出专业性和独立性、客观性和实证性，通过科学判断时代背景，梳理年度成绩，注重年度历史的总结，真实记录过往历史，突出上海职业教育历史发展的真实性，具有史料的性质，是研究上海职教的珍贵档案。《蓝皮书》坚持问题导向，聚焦专题研究，尊重事物发展的客观性，深入剖析现实性问题，提出专业的对策建议，为科学推进上海职业教育现代化提供政策性咨询及理论与实践性参考。《蓝皮书》就是职业教育领域的《清明上河图》，既描绘了职业教育发展的繁荣景象，又透射出职业教育背后发展的逻辑走向，对于推动职业教育高质量发展、服务区域经济社会进步发挥出越来越重要的作用。

（二）承载中华职教社的研究发展定位

中华职业教育社创立之初，即以倡导、研究和推行职业教育，改革脱离生产劳动和社会生活的传统教育为职志。可见，研究职业教育是中华职教社的重要发展定位。中华职教社紧紧围绕党和国家的中心工作，利用长期从事职业教育所积累的丰富经验，认真开展职业教育研究。从"七五"时期开始，中华职教社就一直承担国家级课题研究工作，并逐步建立起专家研讨课题与调研课题信息二者互相转化的机制。开展职业教育、民办教育和黄炎培职业教育思想研究，推进职教理论和制度创新，对我国职业教育发展的热点、难点问题进行深入研究，成为中华职教社现阶段的主要任务和重要职能之一。

上海是中华职教社的发祥地，是黄炎培职教思想产生并形成之地，在职业教育研究方面底蕴深厚，使命重大。同时，上海作为改革开放排头兵、创新发展先行者，在职业教育思想上同样要发挥示范引领的时代责任，上海中华职教社作为总社在上海的地方组织，更应当仁不让。实践证明，编撰《蓝皮书》是上海中华职教社开展职教思想研究，发挥思想引领作用的有效抓手。《蓝皮书》编委加强对上海职业教育改革发展问题的研究，通过实地调研和举办职业教育研讨会、座谈会等形式，积极组织开展调查研究，取得了一批较高质量的研究成果，承载和实现了中华职教社的研究发展定位。

（三）彰显中华职教社的"三性"特色

中华职教社是中国共产党领导的具有统战性、教育性、民间性的群众团体，其中统战性是魂，教育性是本，民间性是根，这在《蓝皮书》的编撰上得到了很好的体现。以《蓝皮书》编撰为契机，成立上海中华职教社专家委员会和蓝皮书编撰委员会，因有职业教育研究机构人员、高校学者、政府公务员等各方人士的参与，有效集智聚力，奠定了《蓝皮书》成功编撰的基本条件，彰显了职教社的统战性。着力开展职业教育、职业指导和职业培训的研究与实践总结，宣传各院校有效的职业人才培养举措，突出改革和人才培养的思想性和价值引领，确保了编撰工作正确指向，彰显了职教社的教育性。深入基层、深入职业院校等开展调研，关注普罗大众的就业、生计与发展问题，保证了思想研究的为民服务方向，彰显了职教社的民间性。总之，上海中华职教社充分依托职教社"三性"特色，组织落实《蓝皮书》编撰工作的过程，有效发挥了各参与主体的优势，使得该书内容更加丰富，观点更加鲜明，思想更为深刻，为做精、做特、做优上海职业教育作出了有益探索。

（四）挖掘黄炎培职教思想的当代价值

黄炎培等职业教育先辈对职业教育的论述，为职业教育的理论化和体系化提供了指导、奠定了基础。先辈们强调教育的职业性要素，主张职业教育是促进广泛就业的教育；强调教育的人本性要素，认为职业教育是培养健全公民的教育；强调教育的社会性要素，提出职业教育是适应环境需要的教育。先辈们的思想，直至今天依然具有超越时空的当代价值，启迪了蓝皮书的专题与案例选择，同时直接指导职业教育的改革实践，启发要注重优化由多元主体参与投资和兴办职业教育的制度设计与体制机制建设，促进多种类型的职业教育机构有序竞争以发挥各自优势；要开展多样育人形式，提高职业教育的办学活力；要坚持发挥特色，提高技术技能人才培养质量，服务"一带一路""乡村振兴"等重大国家倡议和战略，为经济社会发展提供人才和技能支撑。

（五）发挥服务职教高质量发展的咨政作用

《蓝皮书》一般分为总报告、专题报告、实践案例和上海中华职教社事业报告等四个部分，多年来基本不变。第一部分"上海职业教育改革发展报告"，深入剖析上海职业教育当时面临的新形势和新问题，阐明上海职业教育后续的发展思路和发展路径，指出上海职业教育改革创新可以先行突破的领域。第二部分"上海职业教育专题研究"，重在剖析上海职业教育改革发展的热点难点。第三部分"上海职业教育实践案例"，生动展示区县教育局、职教集团和职业学校开展职业教育的探索实践和改革思考。基于调查研究与专家研讨形成的上述内容，对于职业教育的改革发展具有重要指导作用。体现在具体对策建议上，如第一本蓝皮书《2014上海职业教育事业蓝皮书》就提出，职业教育发展重心由"偏重规模"的外延式增长向"质量、结构与内涵并重"的内涵式增长转变；职业教育增长动力由"政府驱动"向"市场与政府"共同驱动转变；在推进上海现代职业教育体系建设历程中，重新解读和建构职业教育现代化，真正实现职业教育从对象教育向自成体系的类型教育转变。今天看来，上述观点的提出，在当时是具有很强的前瞻性和实践指导价值。

二、《蓝皮书》编撰的特征与举措

（一）编撰历史简要回顾

作为具有统一战线性质的我国第一个职业教育团体，上海中华职教社始终坚持围绕中心，服务大局，深入研究、推行职业教育，把团结带领广大社员、有效服务区域经济社会改革发展，作为自己的历史使命和时代责任。

在2013年1月召开的上海中华职业教育社四届九次社务委员会（扩大）会议上，周汉民主任提出2013年上海中华职教社要做好三个方面的重点工作，尽到推进职业教育发展的本分，积极扩大职教社在职业教育领域的影响力，特别是要着力研究现代职业教育的新思想新内涵，深入开展有关推进现代职业教育发展的重点课题研究。这是编

▲ 2014年4月21日,《2014上海职业教育事业蓝皮书》发布会在上海图书馆举行。

撰《蓝皮书》的最初动因,或者说是蓝皮书编撰工作的发端。随后又历经多次会议研究,最终确定《蓝皮书》的编撰就是2013年度上海中华职教社的三项重点工作之一。经过多次酝酿和研究,反复听取职教领域的专家和学者意见,编撰工作终于在当年8月正式启动,周汉民主任担任主编,胡卫副主任、李明副主任担任副主编。

同年8月2日,胡卫召集有关专家学者、部分职校校长进行商讨,初步确立了编撰委员会组成,形成了十余人的编委班子,同时确定了全书的基本框架结构等。8月30日,再次召开专家咨询会,进一步确定了"立足上海,借鉴国际经验,发挥《蓝皮书》为推动现代职业教育体系建设和经济社会创新转型发展献计出力"的总体基调。9月11日,用一天时间,召开了两场咨询座谈会,来自部分行业职教集团和区域职教集团代表、部分区县教育局分管职业教育负责人、中职校国家改革发展示范校校长等共 30 余人，就上海职业教育发展成绩、困惑、瓶颈及未来发展趋势进行深入探讨和交流。

在上述工作基础上，编委会专家分工负责，启动调研和书稿起草事宜，11 月中旬初稿完成。又历经几次小范围的讨论和修改，2013 年底，上海中华职教社第一本蓝皮书文字编辑排版工作结束。2014 年 4 月，《2014 上海职业教育事业蓝皮书》由华东师范大学出版社正式出版。4 月 21 日，上海中华职教社在上海图书馆召开了隆重的新书发布

▼ 联合时报报道《2015 上海职业教育事业蓝皮书》的出版发行

会。上海市政协副主席、上海中华职教社主任周汉民，中共上海市委统战部副部长吴捷等出席并讲话。会上，上海中华职教社向上海图书馆、上海市档案馆、华东师范大学图书馆赠送了《蓝皮书》。上海市多家新闻媒体对《蓝皮书》的发布进行了广泛报道。

自此，上海中华职教社每年出版发行一本蓝皮书，具体运作与第一册基本一样，只是在时间、编委组成、调研形式、调研对象、合作出版社等方面，随编撰工作实际和需要略有不同。近几年基本固定在当年3月启动；编委会议有条件时采取线下形式召开，条件不足时，如新冠疫情严重时采取线上举行；上海科技文献出版社目前已成为蓝皮书丛书出版的固定合作机构，一般每年10月下旬或11月上旬向社会正式出版；编委会成员略有扩充和调整，不断有年轻有为的新鲜血液注入，编委分工也根据编委年龄、精力等因素进行适当调整。

新时代以来，党和政府高度重视职业教育，习近平总书记多次就职业教育作出指示，强调在全面建设社会主义现代化国家新征程中，职业教育前途广阔、大有可为，指出要坚持党的领导，坚持正确办学方向，坚持立德树人，优化职业教育类型定位，深化产教融合、校企合作，深入推进育人方式、办学模式、管理体制、保障机制改革，稳步发展职业本科教育，建设一批高水平职业院校和专业，推动职普融通，增强职业教育适应性，加快构建现代职业教育体系，培养更多高素质技术技能人才、能工巧匠、大国工匠，职业教育迎来了快速发展的春天。

2022年，党的二十大胜利召开，进一步强调统筹职业教育、高等教育、继续教育协同创新，推进职普融通、产教融合、科教融汇，优化职业教育类型定位。新修订的《职业教育法》，更是赋予了中华职教社新的职能。新时代新思想新理念，为中华职教社深化改革、再铸辉

▲ 2022 年 6 月 24 日，上海中华职教社常务副主任胡卫主持召开《2022 上海职业教育事业蓝皮书》初稿讨论会。

煌提供了重要舞台。

　　《蓝皮书》是我国首本职业教育领域的蓝皮书。在诸多有利职教发展的大好形势下，最新一本蓝皮书即《2022 上海职业教育事业蓝皮书》也于 2022 年 10 月如期出版。目前，《蓝皮书》编撰工作已成为上海中华职教社新时代重要的品牌项目，受到上至国家领导人，下至职业教育一线教师的肯定和欢迎，为扩大中华职教社的社会影响力，推动职业教育高质量发展持续发挥重要作用。

（二）编撰工作主要特征

　　蓝皮书编撰工作转眼已历时 10 年有余，经过不断的完善改进，逐步形成了自身的鲜明工作特征。

1. 在团队构成上，凸显多种职业与多个层面的高度统一

《蓝皮书》由上海中华职教社组织，社会各界人士踊跃支持，实现了政府人员、专家学者、一线教师共同参与，听取并反映全社会各方面群体、各个阶层的呼声，确保了《蓝皮书》关注内容与问题的广泛性和深刻性，凸显了职教社作为第三方机构的独立性和广泛代表性。**从参与人员职业来源看**，有政府人员、职业教育研究者、职业院校的从业者等多种职业。如，编写团队成员除来自上海中华职教社外，还有的来自市教委、市人社局等政府职能部门，教育研究机构和高校，以及职业院校等。其中，来自上海市教科院、华东师范大学、同济大学、上海出版印刷高等专科学校的专家学者参与全书主体内容的编写；区域职教集团和职业院校的教师，提供了职业教育改革发展方面的实践案例和研究论文。**从团队成员的工作专长看**，着力呈现了职业教育工作的多个层面。如，团队中的政府人员主要把控政策支持层面，专家学者主要负责理论引领层面，职业院校从业者作为文章作者，主要展示实践探索层面，多个层面密切合作组成一个有机的整体。多种职业保证了思想的独立性创新性，多个层面保证了全书结构的统一性一致性，二者相互渗透，高度统一，共同奠定了《蓝皮书》的高质量精品特性。

2. 在框架设计上，注重宏观、中观与微观层面的相得益彰

《蓝皮书》既从宏观上研究市级层面职业教育的改革发展现状，也从中观上考察区县和学校探索职业教育创新发展的实践，包括总结分析中华职教社的事业推进，特别是在职业教育高质量发展进程中的作用发挥情况，以及在职业教育思想研究上的大胆突破和推陈出新，还从微观上探究课程设置、课堂设计、教授方法的独特性、趣味性和有

效性。《蓝皮书》总结上海各层面、各领域职业教育改革发展成就和特色，高屋建瓴提出改革的思路和具体应对策略，充分发挥观点主张在全国职业教育领域的思想引领作用，又深刻剖析最深层的本质和细节性问题，探索职业教育多领域多层次改革发展规律，以期对职业教育广泛实践提供全方位的指导。这从《蓝皮书》的框架结构上可以得到印证。《蓝皮书》的主报告立体式探讨职业教育总体的社会发展方位和时代趋势，专题报告从某一个具体的方面或角度解析开展职业教育的具体困难和应对之策，案例分析常常从课堂教学方式方法的很小的点呈现事实、剖析成因、展示成果等。《蓝皮书》通过点线面的框架设计，把宏观、中观、微观有机融为一体，达到全面阐释和系统研究职业教育的目的。

3. 在研究方法上，重视理论研究与实地调研的有机结合

《蓝皮书》既注重吸收借鉴世界先进职业教育经验和理论成果，又重视考察一线职业教育改革探索的实际运行情况。在编撰过程中，编委们除了大量查阅全球职教领域的相关文献，与国际国内同行远程交流研讨外，还广泛联系各方人士，多次组织召开座谈会，调查了解上海职业教育改革发展的实际，广泛吸纳真知灼见，汇集各方资源和信息，不断充实完善《蓝皮书》内容。甚至走出上海，前往长三角地区开展职业教育调研，走访有代表性的职业院校、研究机构、培训单位等。如，《蓝皮书》专家团队2019年专门到长三角电子信息职业教育集团常务副理事长单位上海电子信息职业技术学院、长三角软件职业教育集团理事长单位常州软件职业技术学院，调研地区职教集团工作开展情况，形成《长三角职教一体化进程中地区职教集团运行情况研究》的调查报告，相关成果也被纳入该年度《蓝皮书》。理论成

果与实地调研并重，为《蓝皮书》的持续高质量编撰奠定了坚实的基础，由此形成的诸多创新性观点成就了《蓝皮书》丛书的成功与精彩。

（三）编撰过程创新举措

做到每年出版一本职业教育方面的蓝皮书，难度之大、坚持之难，均非亲历者所能体会，需要有创新的勇气、底气，以及一整套创新性举措。

1. 注重项目开拓性与内容创新性相统一

2014 年出版的《蓝皮书》，是上海职业教育历史上的第一本，也是上海中华职教社历史上的第一本，还是全国第一本职业教育类蓝皮书。在上海职业教育改革发展的历史上，还从未有过以蓝皮书的形式全面反映职业教育的运行轨迹与现实、成绩与瓶颈、发展趋势与突破路径，《蓝皮书》的编撰开创了诸多的第一次。正如百年前中华职教社在上海开创我国职业教育之先河一样，地处其发祥地的上海中华职教社，在新形势下也大胆创新发展职业教育及壮大中华职教社事业的新方式新途径。《蓝皮书》的编撰作为一项工程，是上海中华职教社参与构建现代职业教育体系的开拓性行动，在内容上也为上海职业教育高质量发展奉献创新性理论和实践创新案例，提出了诸多前瞻性观点主张和政策建议，实现了《蓝皮书》项目的开拓性与其内容的创新性的高度统一。

2. 注重集智聚力与打响"中华"牌相统一

以编撰年度《蓝皮书》为抓手，积极调动社会各界人士参与，汲取各方智慧，交流思想，广交朋友，大力推介宣传中华职教社事业。

一方面，确保书稿编写智力支持的广泛性。一是与相关机构联合

▲ 2016 年 1 月 13 日上午，上海中华职教社与上海市政协教科文卫体委联合在市政协召开职业教育专题调研座谈会。

召开调研座谈会。2016 年与市政协教科文卫体委联合召开职业教育专题调研座谈会，市政协副主席、市中华职教社主任周汉民出席，市政协教科文卫体委主任薛沛建主持会议。座谈会邀请了部分教育领域的市政协委员共同探讨职业教育热点难点问题。周汉民在会上指出，要找准职业教育定位，充分体现全国领先和国际标准，找到上海职业教育发展的短板，提出能够补短板的有效措施，有效服务于国际化大都市、国际文化大都市战略发展目标。二是直接吸收基层组织优秀职教类课题报告。每年根据当时职业教育发展的最新形势向广大基层组织发布课题申报通知，提出选题方向，力争覆盖职业教育的各个领域，对其中反映职业教育痛点难点热点的课题方向，以立项的方式给予一定调研经费支持，调动基层组织、职业院校教师参与课题调研的积极性创造性。全市各级组织每年完成课题报告达数十篇之多，通过社专家评审委员会评出优秀课题调研成果，根据其与《蓝皮书》的匹配度、篇幅等因素，挑出若干篇目或内容充实到当年的《蓝皮书》中，有效汲取了各方智慧成果。

另一方面，通过《蓝皮书》大力宣传上海中华职教社。《蓝皮书》连年公开出版，广泛宣传了上海中华职教社，不断擦亮这个历史悠久的"中华"老牌子。同时，每年举行的《蓝皮书》发布仪式，广邀社会各界人士出席，积极开展研讨交流，各类新闻媒体也广为报道。这既有力宣传了《蓝皮书》，又宣传了上海中华职教社。总之，通过《蓝皮书》编撰工作，凝聚了智慧、汇聚了力量、结交了朋友、打响了品牌，形成了职业教育事业与上海中华职教社发展共同推进的良好局面。

3. 注重记录历史与强化突破引领相统一

《蓝皮书》真实记录了上海职业教育改革发展的历史与现状、政策与成就、瓶颈与成因、探索与实践，具有史料的纪实性，既为进一步研究和探索上海职业教育发展之路提供了可鉴资料，又可作为研究机构、专家学者了解及研究上海职业教育的参考文献。同时，每一本《蓝皮书》，均以当时党和国家有关职业教育的总体思想为指针，结合职业教育发展现状、问题和发展趋势，提出一系列突破性理论观点和创新性政策主张，引领走向职业教育高质量发展的灿烂前景。同时，《蓝皮书》还根据时代条件的变化，对上海中华职业教育社的事业以及组织发展，进行有一定深度的探索和创造性勾画，为重新焕发百年老店的生机与活力不遗余力。

三、《蓝皮书》编撰的成效与展望

（一）主要成效

1. 展示成就，提振信心

立足中华职教社的建设发展，《蓝皮书》的编撰就是持续打响"中华"牌的重大实践。中华职教社是由著名爱国民主人士黄炎培先生联合教育界、实业界知名人士于1917年在上海创立。百余年来，始终坚持以"谋个性之发展，为个人谋生之准备，为个人服务社会之准备，为国家及世界增进生产力之准备"为目的，以"使无业者有业，使有业者乐业"为宗旨，倡导"双手万能，手脑并用""敬业乐群"的教育理念，有力推动了职业教育事业发展。特别是党的十一届三中全会以来，上海中华职教社发挥"统战性、教育性、民间性"的特点和优势，以"大职业教育"理念为引领，不断强化职业教育类型定位，深入推进职业教育改革，整体规划，有序推进，抓质量、提内涵、上水平，积极开展职业教育和职业培训的研究与实践，加强国际交流与合作，职业院校毕业生"就业有优势，创业有本领，升学有希望，终身学习有基础"的优势逐步显现。

但近年来，职业教育却被污名化，社会吸引力不足成为职业教育发展的最大瓶颈，很多职业学校都面临着生源不足的窘境。通过编撰《蓝皮书》，进行全方位细致的梳理，深刻认识到无论是在历史上还是新时代，职业教育为经济社会发展都作出了重要贡献，并越来越受到社会重视。职业教育发展所取得的成绩也是可圈可点，并不像社会上所反映的那样悲观。同时，《蓝皮书》向社会展示职业教育的日新月异，勾画职业教育事业的美好前景，从而在一定程度上提振了整个社会对职业教育的信心，大大增强了职业教育的社会影响力。近年来职业教育改革的力度越来越大，大国工匠、能工巧匠精神备受推崇，职教成就出彩人生的剧本不断上演，反映了全社会对职业教育信心的大幅提升，"中华职业教育社"这块金字招牌再次绽放璀璨的光芒。

2. 弘扬精神，提供借鉴

《蓝皮书》编撰工作不仅是对职业教育的先辈黄炎培先生科学调查精神的弘扬，还是对职业教育现实客观反映的重要借鉴。**一方面弘扬先辈科学调查精神**。黄炎培先生在创立中华职教社之前，进行了广泛深入的调查研究，奔走考察国内多个省份，并常常深入乡村细心体察。同时，走出国门，远赴日本、美国、菲律宾等地学习考察。在广泛调查的基础上，通过审慎思考，黄炎培先生才最终萌发"职教救国，职教兴国"的理想。这种科学调查的精神对今天的人们依然有着重要借鉴意义。《蓝皮书》的编撰就是对科学调查精神的大力弘扬，有利于培养求真务实、实事求是的工作作风。**另一方面提供改革有效借鉴**。在先辈精神指引下，《蓝皮书》的撰写者进行了广泛务实的调查，所得资料很多都是第一手资料，真实记录了上海职业教育改革和发展的发端、推进、深化和演变历程，精准反映了职业教育发展中存在的问题与成因，集中展示了一批职业教育探索成果，为进一步研究和探寻上海职业教育高质量发展路径提供了可靠资料，可以作为一些研究机构和学者参与和影响职业教育实践，推动职业教育深化改革，了解及研究上海职业教育的重要文献。

3. 把握趋势，建言献策

《蓝皮书》从非官方的立场和视角全面审视上海职业教育问题，内容非常详实。丛书均以上海职业教育改革发展报告为纲，专题点睛，案例佐证，从习近平新时代中国特色社会主义思想，以及黄炎培大职业教育思想出发，破解上海职业教育发展瓶颈，提出上海职业教育改革与发展的主旋律——立足长三角，服务全国，面向世界，形成具有全国领先水平、瞄准世界水准，凸显现代化程度高度发达城市特征的职业教育高质量发展新局面。这是对现代化建设新征程上职业教育发展趋势，乃至中华职教社事业发展方向的积极把握，更是为党为政府推动职业教育改革与发展建良言献实策，是上海中华职教社在新时代新征程参政议政作用的重要体现。

（二）未来展望

《蓝皮书》编撰工作从启动到今天，已历十个年头，对上海职业教育改革发展产生了较大影响，随着后续丛书的持续编撰和项目团队的坚持不懈的努力，必将得到不断改进，持续为职业教育界、为上海城市发展带来更大惊喜。

1. 作为职业教育文献的定位更加凸显

《蓝皮书》的功能之一在于记录职业教育改革发展的历史。受制于目前的框架设计，职教发展数据维度和数量尚不十分丰富。未来，随着《蓝皮书》编撰工作的持续深入，《蓝皮书》的广泛推广宣传，文本框架设计的进一步优化，《蓝皮书》的高质量、高影响度值得期待，作为职业教育重要文献的定位也将得到进一步凸显。具体说来，一是强化对职业教育，包括职业院校和职业培训数据的全面搜集与分析，从数据的变化中把握上海职业教育与技能人才培养的发展历史与规律；二是加强《蓝皮书》对上海市职业教育改革与发展重大问题的分析，通过专题案例，反映职业教育改革的重点及取得的成效；三是强化对上海中华职教社历史和重要事件的记录和梳理分析，实现《蓝皮书》作为职教社改革发展文献史料的重要载体作用。

2. 作为建言献策平台的功能更加明显

《蓝皮书》作为上海中华职教社着力打造的品牌项目，其初衷是为上海职业教育高质量发展建言献策，建设上海中华职教社参政履职的平台，乃至为国家宏观决策建言献策的平台。未来，《蓝皮书》将进一步把握职教社"民间性"特征，从非政府、第三方的角度，力求更客观更精准更深刻，把问题论证得更为全面透彻，对策举措更加系统有效。为了更好地拓展平台建言功能，要进一步全面统筹、系统谋划。一是谋划《蓝皮书》的专题内容，从内容设计上即考虑其对于建言献策所能发挥的作用；二是将《蓝皮书》的主题设计与上海中华职教社重点课题、学术沙龙相结合，发挥社重点学术活动对于《蓝皮书》高质量内容的支撑作用，进而产出有价值的决策咨询成果；三是加强专题调研、案例的征集遴选，在推进《蓝皮书》内容建设的同时，也为决策咨询成果提供论证依据和材料支撑。

3. 作为职教研究品牌的形象更加彰显

《蓝皮书》从内容看，就是问题研究和案例展示的集合，本质上都是对职业教育的研究。走过十年的《蓝皮书》，在反映上海职业教育改革发展的典型性上需要进一步提高。未来要进一步加强顶层谋划，站高见远，突出全局性战略性，具体可从研究人员、研究主题、研究质量等维度着手。一是在研究人员上，要利用好上海中华职教社专家委员会这一智慧宝库，广泛整合资源，借助知名专家和一线研究人员、职教从业者的力量，为品牌的打造提供坚实智力支持。二是在研究主题上，主要聚焦当前的政策热点和改革发展的瓶颈问题，发挥研究成果对改革实践的指导作用。三是切实提高研究成果的质量，通过凸显研究内容的历史性、时代性、民族性、区域性，扩大数据资料的覆盖面，增强逻辑性和发展预见性，提高专题报告的广度深度，彰显案例的典型性、示范性和引导性。通过上述努力，可以预见，在不久的将来，《蓝皮书》将被打造成业内有突出影响力的职教研究品牌，成为上海中华职教社事业全面进步的亮点工程。

　　十年磨一剑。十年来，《蓝皮书》始终坚持以创新为总基调，以服务大局为主线，以编写一部史料性文献为标准，广泛凝聚各方智慧，全面探索上海职业教育高质量发展路径，深刻洞悉职业教育参与上海小康社会及现代化建设的峥嵘历程，取得了一系列有影响的理论研究成果。未来，《蓝皮书》将继续优化升级，深度融入社会主义现代化建设新征程，成为具有全国影响力的中华职教社新时代改革发展的典型品牌。

第四章 赓续立社初心，搭建职业教育交流平台

百年来，中华职业教育社长盛不衰，根本原因在于其教育思想能够引领各个不同时期的教育风气。2022 年 5 月新修订的《职业教育法》颁布实施，明确职业教育与普通教育具有同等地位，赋予中华职业教育社新的职能。立足自身特点和优势，牢记先贤立社初心和发展职业教育的决心，以高度的历史使命感和时代责任感，中华职业教育社举办国内国际职业教育论坛，黄炎培职业教育思想研究会年会，为广大职业教育界同仁提供交流和沟通的渠道，让论坛年会成为思想交流、观点碰撞的重要平台，为职业教育发展探索新思路、新路径。

一、举办职业教育论坛的重要意义

（一）坚持立社初心使命

19 世纪与 20 世纪之交，中华文明古国处于风雨飘摇之中，陷入内外交困之境，国运日渐式微。值此民族存亡之际，知识界、教育界

有识之士开始了以教育救国为目标的艰难探索。1917年，为实现"教育救国""职教报国"的愿望，黄炎培联合蔡元培、张謇、江恒源、冷遹、宋汉章等教育界、实业界人士，成立中华职业教育社。秉承服务民生福祉的理念，职教先贤建立了职业指导所、学校、工厂等实体部门或机构，为成千上万青年传授职业技能，帮助他们就业谋生，为民族工商业培养了大批有道德、有知识、有技能的专门人才。

中华职业教育社把举办学术讲座、时事政治讲座作为走向社会，参与社会政治活动的一项经常性工作。早期中华职业教育社的讲演活动有两种，一种是社的领导人或中层工作人员赴外单位或向社会群众作的讲演，其目的在于宣传职业教育和时事政治等，这是中华职业教育社早期提倡职业教育的重要手段之一。另一种是中华职教社邀请社会各界人士，尤其是有名望的学者，向社会群众讲演，或去所办学校讲演，目的旨在教育学生了解有关理论和形势，并用名人的人格魅力对学生进行品德陶冶。

新时代新征程，铭记"国家富强、民族复兴、人民幸福"的初心使命，中华职业教育社举办各种形式的研讨会，继承和弘扬职教先贤为国为民的理想追求、以人为本的价值取向、求真务实的探索精神以及实事求是的科学态度，为新时代国家繁荣富强贡献新作为、创造新业绩。

（二）弘扬先贤职教理念

中华职业教育社所提出的职业教育思想，根植于中国社会的现实，广泛吸纳我国传统教育思想和国外教育理念的精华，内容丰富、指导性强，是我国职业教育事业的宝贵财富。这些主张不仅在当时具有划时代的意义，而且对于当代职业教育改革仍然具有非凡的启迪和借鉴价值。

黄炎培倡导大职业教育主义，强调职业学校应与社会各界相联系，与企业有实质性的合作，同时，强调实施职业教育要关注国计民生，参与政治活动，服务于国家的需要、群众的需求，成为经济发展和社会进步的推动力。职业教育的宗旨在于："一、谋个性之发展；二、为个人谋生之准备；三、为个人服务社会之准备；四、为国家及世界增进生产力之准备。""职业教育之定义，是为用教育的方法，使人人依其个性，获得生活的供给和乐趣，同时尽其对群之义务。"树立"使无业者有业，使有业者乐业"职志。

中华职业教育社致力于黄炎培职业教育思想的研究和传播，使之在实践中反复检验和不断升华。2011年10月，为进一步倡导、研究和弘扬黄炎培职业教育思想，中华职业教育社成立黄炎培职业教育思想研究会，助推我国职业教育创新发展。此后，黄炎培职业教育思想研究会每年举办一次职业教育学术研讨会。通过举办论坛，组织和协调社会各方力量，开展黄炎培职教思想和实践的系统研究和宣传，推进职业教育本土化研究，探索和创建符合中国国情、具有中国特征、中国特色的职业教育发展模式，更好地为我国职业教育改革发展服务。

（三）传承创新与时俱进

推动职业教育高质量发展是历史使命，也是创新发展的重大机遇。党中央国务院高度重视职业教育，习近平总书记在2021年全国职业教育大会上强调，在全面建设社会主义现代化国家新征程中，职业教育前途广阔、大有可为。

职业教育肩负着培养高素质技术技能人才、能工巧匠、大国工匠的重大任务，肩负着促进教育公平、提高大众就业创业能力、增强致富本领、扩大中等收入群体的重大使命，肩负着为不同社会群体提供个性化、多样化成长成才路径的重大职责。当前我国已经建成世界上最大规模的职业教育体系，2021，全国设置中等职业学校 7 294 所（不含技工学校），在校生 1 311.81 万人，高等职业学校 1 518 所（含 32 所职业本科学校），在校生 1 603.03 万人。职业教育毕业生受到企业的青睐，近三年来，初次就业率高于研究生、本科生。

在建设世界重要人才中心和创新高地的进程中，职业教育必须坚持扎根中国大地，在实践中探索有中国特色的职业教育发展之路。深刻把握职业教育本质属性，遵循类型教育发展规律，着力构建现代职业教育高质量发展新格局，为全面建设社会主义现代化国家提供坚实的人才和技能支撑。

二、聚焦职教重心，共研共享思想

职业教育是人力资源建设的基础，是提高未来劳动者能力和素质的根本途径。发展职业教育是提高国家或地区的发展能力、竞争能力和现实生产力的必然要求。为此，十余年间，我们进一步对接扩大开放的国家战略，对接国内外市场的人才培养需求，举办了一次国际职教论坛、两届海峡两岸暨香港职业教育论坛和一次黄炎培职业教育思想研究会年会，来自不同国家、不同地区及国内职业教育领域专家学者、政府部门官员、业界翘楚，聚焦纵议业内热点，破解职教发展难题，前瞻职教发展未来，与会者在这样的专业交流平台，互学互鉴、交流提升，碰撞思想火花，既汲取先贤智慧力量，又共享最新业界信息。对于我们学习借鉴世界各国职业教育先进经验做法、推动职业教育改革发展，促进经济转型升级、提质增效起到了重要作用。

（一）主题鲜明，"融"入时代

1. 一条主线办年会：将党的领导与职教高质量发展相融合

2021 年 7 月 1 日，庆祝中国共产党成立 100 周年大会在北京天安门广场隆重举行，习近平总书记作了振奋人心的重要讲话，庄严宣告实现中华民族伟大复兴进入了不可逆转的历史进程。在这个有着特别历史意蕴和时代意义的时刻，黄炎培职业教育思想研究会第十一次学术年会来到中国共产党的诞生地和中华职教社的发祥地——上海。

2021 年 7 月 16—17 日，围绕"党的领导和中国百年职业教育"这个宏大主题，由中华职业教育社和上海中华职教社主办，上海出版印刷高等专科学校承办的"黄炎培职业教育思想研究会第十一次学术年会"在上海举办。全国人大常委会副委员长、中华职业教育社理事长、黄炎培职业教育思想研究会会长郝明金出席并作题为《始终坚持党的领导　弘扬职教百年传统　奋力书写职业教育新篇章》的主旨讲话。上海市政协副主席、上海中华职教社主任周汉民，中华职业教育社副理事长苏华，民建北京市委会主委、北京市科协常务副主席司马红，民建中央社会服务部部长程喜真，中共上海市委统战部副部长蔡忠，上海中华职教社副主任胡卫，中华职业教育社党组成员、《教育与职业》杂志社社长刘华，中华职业教育社党组成员、副总干事李英爱，上海出版印刷高等专科学校党委书记顾春华等领导出席。中华职业教育社党组书记、总干事方乃纯主持开幕会议。

2021 年是中国共产党成立 100 周年，是"十四五"开局、全面建设社会主义现代化国家新征程开启之年。中国共产党的百年历程也是党领导职业教育发展不断取得重要成就的一百年。职业教育发展是我党百年砥砺奋进的缩影，回顾过去，职教社事业始终与中国共产党的

▲ 2021 年 7 月 16—17 日，"黄炎培职业教育思想研究会第十一次学术年会"在上海虹桥郁锦香酒店举行。

领导紧密联系，与党和国家的中心工作紧密结合，留下了鲜明的时代印记，形成了具有中国特色的职业教育发展道路。

中华职教社是在救亡图存的艰辛求索中创立、在服务中国革命的洗礼中成长、在社会主义建设的探索中不断创新、在改革开放的大潮中蓬勃发展、在新时代产业转型升级中完成飞跃。从党发展职业教育的百年历程中看到，职业教育深深熔铸在中国共产党艰苦卓绝的奋斗史和波澜壮阔的创新历程之中。在新征程上，要从党的百年历史中汲取前进的智慧和力量，始终坚持党对职业教育的全面领导，深入挖掘黄炎培职业教育思想的当代价值，加快构建新时代特色职业教育体系。

周汉民代表上海中华职教社致辞。他表示，上海是中国共产党的诞生地，是中华职业教育社的发源地，还是黄炎培职业教育思想的发端地。研究黄炎培职业教育思想要与百年中华职教社的初心使命相结合，与百年中国职业教育的发展历程相结合，要从黄炎培职业教育思想的精神内涵中汲取加快发展现代职业教育体系的创新源泉和不竭动力。今天，我们在初心之地，回顾中华职教社与中国共产党共同走过的光辉历程，回顾党领导下的百年中国职业教育，弘扬和传承黄炎培职业教育思想，为助力新时代职业教育高质量发展建睿智之言，献务实之策。他现场深情朗诵了自己为话剧《国士》作词的主题曲《你走来》，向黄炎培同志致敬。

蔡忠代表市委统战部致辞。他表示，上海将深入学习领会贯彻习近平总书记"七一"重要讲话，继承发扬伟大建党精神，以此次会议为契机，学习借鉴兄弟省市的经验做法，推动工作迈上新的台阶。希望上海中华职教社突出"统战性"，赓续传承红色基因，加强政治引领；立足"教育性"，继续发挥特色优势，服务发展大局；体现"民间性"，不断深化对外交流，广泛凝聚共识。

年会上，与会领导为《教育与职业》杂志社理事会理事、中华职业教育社产教融合和校企合作委员会委员颁发聘书。中华职业教育社党组成员、副总干事李英爱，中华职业教育社专家委员会副主任、上海教育科学研究院原副院长马树超分别主持专题发言环节。24 位专家学者围绕"党的领导与百年中国职业教育""传承黄炎培职业教育思想""助力新时代职业教育高质量发展"议题作了发言。来自全国 28 个省（区、市）的职业院校、行业企业和部分地方组织、新闻媒体等 350 余位代表与会。人民日报、新华网等 30 多家全国媒体报道了本次活动。

黄炎培职业教育思想研究会于 2011 年 10 月 19 日在北京成立，会长一直由中华职业教育社理事长兼任，先后在北京、南京、深圳、合肥、西安、济南、石家庄、福州等地举办年会，中华职业教育社张榕明、陈昌智、郝明金三任理事长均出席年会并作主旨讲话。2021 年第 11 次年会在上海举办具有极其特殊的意义，是郝明金理事长和中华职业教育社对上海的充分信任，也是对上海中华职教社积极主动作为所取得的实绩的肯定。近年来，在中华职业教育社和中共上海市委统战部的领导关心下，上海中华职教社的组织力量不断壮大，区级组织网络遍布全市，广泛联系和团结了一大批有志于职业教育的海内外各界人士；社会影响力日益增强，面向上海、面向长三角地区、面向中西部地区及港澳台地区开展了一系列品牌活动。进入新发展阶段，上海中华职教社将牢牢把握党的领导是职教社各项事业取得胜利的根本保证这一基本原则，紧紧围绕中心，全力服务大局，继续为助推发展献智，为改善民生尽责。在初心之地，再次回顾中华职教社与中国共产党共同走过的光辉历程，回顾党领导下的百年中国职业教育，弘扬和传承黄炎培职业教育思想，以习近平总书记"七一"重要讲话精神为指引，以年会的召开为契机，大力发扬红色传统，传承红色基因，秉持中华职教社"爱国爱民、为国为民"的理想信念，以更加昂扬的斗志，大踏步向着全面建成社会主义现代化强国的第二个百年奋斗目标迈进。

广大职教人满怀建党伟业的荣光和奋进前行的豪情，演讲嘉宾理深文赡，热议"党的领导和百年中国职业教育"，重温黄炎培提出的"求学为服务，服务勿忘爱国"的职教报国精神，感受职业教育的初心与使命，弘扬和传承黄炎培职业教育思想，为助力新时代职业教育高质量发展建睿智之言，献务实之策。

年会上，中华职业教育社党组成员、《教育与职业》杂志社社长刘华、福建江夏学院校长、福建省教育厅原副厅长陈国龙、上海中华职教社原副主任生杰灵等 7 位专家学者围绕"党的领导与百年中国职业教育"议题作了发言。上海中华职教社专家委员会主任、上海师范大学原校长李进，南京工业职业技术大学党委书记吴学敏等 5 位专家学者围绕"传承黄炎培职业教育思想"议题作了发言。中华职业教育社党组成员、副总干事李英爱，山西省职教社副主任闫晓红，上海出版印刷高等专科学校校长陈斌，中华职业学校校长黄玉璟等 11 位专家学者围绕"助力新时代职业教育高质量发展"议题作了发言。北京师范大学教授、博导，国家职业教育研究院副院长俞启定作了专家点评发言。

2. 两次跨国促合作：将技能人才培养与人才强国战略相融汇

在国家宏观政策的推动和全社会的支持下，2010 年前后，我国职业教育规模不断扩大，改革日渐深入，但总体上看，职业教育在我国的整个教育体系中，仍是最为薄弱的环节。加强职业教育国际国内交流与合作，借鉴先进经验，推动职业教育事业发展，既是当时中央对职业教育工作的要求，更是我国职业教育快速健康发展的迫切需要。2011 年 5 月 10—11 日，由中华职业教育社主办、上海中华职教社承办的"2011 中国（上海）国际职业教育论坛"隆重召开。为了使各国经济联系更加紧密、相互合作更加深入、发展空间更加广阔，逐步形成区域大合作，2018 年 4 月，上海市政协副主席、上海中华职教社主任周汉民率团访问"一带一路"沿线国家。

自 2005 年起，中华职业教育社开始每两年举办一届"中国国际职业教育论坛"，先后与重庆市人民政府、黑龙江省人民政府、湖南省人民政府联合举办了三届。论坛以其鲜明的主题、较高的学术水平受到了国内外与会人员的赞誉，社会反响较大，为搭建职业教育国际交流与合作的平台，促进不同国家和地区职业教育的相互交流、借鉴与合作，在国际合作层面上谋求职业教育的发展良策，推进我国职业教育的健康发展。

全国政协副主席、中华职业教育社理事长张榕明担任论坛主席并作了题为《发展职业教育全力助推人力资源强国建设》的主旨演讲，中共上海市委常委、上海市委统战部部长、上海海外联谊会会长杨晓渡代表上海市委市政府致辞，全国人大常委、中华职业教育社副理事长李重庵主持开幕会议，上海市政协副主席、上海中华职教社主任周汉民作了演讲并主持了下午的论坛，教育部职教中心研究所所长王继平代表教育部副部长鲁昕出席论坛并宣读了鲁昕副部长的书面发言。中华职业教育社副理事长马国湘、中华职业教育社总干事陈广庆先后宣读了联合国经社理事会和联合国公共信息部、联合国学术影响工程分别给论坛发来的贺信。世界银行、国际劳工组织以及美国、澳大利亚、德国、英国、加拿大、韩国等国家的专家学者，美国、英国、德国、澳大利亚等国家驻华使领馆的领事和教育参赞，法国、美国上海商会代表，德国汉堡驻沪办事处代表，全国政协、教育部、人力资源和社会保障部、农业部以及上海市等有关部门的领导，来自国内21个省、市、自治区及台湾地区的300多位专家学者、职业院校代表出席了论坛。论坛还设了"职业教育在建设人力资源强国中的地位和作用""职业教育与创新型国家建设及创新型人才培养""职业教育与国家（区域）竞争力""国际职业教育改革和发展的最新动向及发展趋势""农村职业教育发展的理论探索和案例研究""职业院校的教育教学改革与办学实践探索"等分议题。除大会演讲交流的18篇论文外，还收到了135篇具有较高学术水平的论文，论坛组委会将其中121篇论文汇编成册，与前三次相比，也创下了该论坛论文数量的最高记录。论坛演讲嘉宾交流的论文质量真实而深刻地反映了当今世界职业教育和人力资源建设方面的现状、经验和发展思路，与会者受益匪浅。

此次论坛办出了上海水平，办出了国际水准，是历次论坛中最具特色的一次。对促进职业教育界人士加强国际交流合作，推进我国职业教育改革、创新和发展、具有十分重要的意义。新华社、人民日报、光明日报、人民政协报、中国教育报、国家教育部网站、凤凰网、东方网、新浪网、中国教育新闻网和解放日报、文汇报、新民晚报、新闻晨报、上海电视台、上海教育电视台、上海统一战线网、福建教育网等22家中央和地方媒体对论坛进行了全方位报道。

2018年4月，应尼泊尔文化旅游与民航部、越南胡志明市祖国阵线、柬埔寨工业与手工业部邀请，上海市政协副主席、上海中华职教社主任周汉民率"一带一路"代表团，对尼泊尔、越南和柬埔寨进行了友好访问，深度分享了习近平新时代中国特色社会主义思想、治国理政的理念和中国改革开放40年的实践经验与体会。在访问柬埔寨期间，周汉民应邀在柬埔寨王国皇家金边大学"海上丝绸之路"研究中心为大学生作了题为"一带一路：从愿景到行动"的专题演讲，回顾四年多来"一带一路"从倡议到行动的伟大历程，演讲赢得了青年学生经久不息的掌声。

为深化中尼双方的教育合作交流，中国驻尼泊尔大使于红还专门联系了教育科技部，安排代表团拜会教育科技部常秘巴拉尔。巴拉尔向代表团详细介绍了尼泊尔为提升国家教育水平、推动人口就业率所做的努力。代表团认为，上海有条件、可以考虑提供一些具体的帮助。可以每年接受一定数量的尼泊尔学生来上海进行非学历性的职业教育培训；指定一两所大学与加德满都大学建立紧密联系，开展对口交流，接收访问学者；每年派遣一些专业师资到尼泊尔进行授课，培训

▲ 2018 年 4 月 26 日，周汉民在金边皇家大学用英语向 80 多名柬埔寨师生发表题为"一带一路：从愿景到行动"的专题演讲。

人才等等。

上海要建设"一带一路"桥头堡不仅要有硬件对接，同样要有软件对接，思想意识上的认同与共识会化为政策沟通和民心相通的良好效果。要高度重视与当地年轻知识分子开展深度的文化交流、学术交流、思想交流，通过文化碰撞深化相互了解、增进思想感情上的共鸣。

3. 三地论坛聚民心：将职业教育发展与服务国计民生相融通

2014 年 6 月召开的全国职业教育工作会议上，习近平总书记作出了"劳动光荣，技能宝贵，创造伟大"的重要批示，并指出"要着力提高人才培养质量，努力培养数以亿计的高素质劳动者和技术技能人才"。经过上海中华职教社、香港职业训练局、台湾中华商业职业教育学会的共同努力，2014 年、2017 年先后在沪举办了两届"海峡两岸暨香港职业教育论坛"。该论坛是上海中华职教社持续推进港澳台职业教育领域学术交流的品牌项目，通过论坛传递相互间交流互动的愿望，促进相互间心灵契合的路径。论坛的举办，正是响应国家号召，顺应社会需求，回应大众期盼，展现职教社三性特色，结合群团改革，服务社会创新驱动发展，加快发展海峡两岸及港澳职业教育的共同目标，深化了四地间更加紧密的交流和合作，"围绕中心，服务大局"的有为之举。

2014 年 11 月 8 日，在上海海洋大学临港校区成功举办了以"现代职业教育与经济转型发展"为主题的首届论坛。上海市政协副主席、上海中华职教社主任周汉民出席论坛并作主旨演讲。中华职业教育社总干事陈广庆、上海海外联谊会副会长吴捷、香港教育局副秘书长卢世雄、台湾中华商业职业教育学会理事长陈永盛分别致辞。台湾中国文化大学教授邱毅、台湾科技大学校长葛自祥、香港职业训练局执行干事尤曾家丽、香港专业教育学院（沙田）院长郭启兴、上海海洋大学校长程裕东、上海市教委副主任陆靖、上海市人社局副局长张岚等17 名沪港台知名专家学者作了专题演讲。市委统战部、市教委、市人社局和本市各民主党派市委、人民团体的领导和代表，云南、江苏、浙江、安徽、福建、江西、山东省中华职教社和本市 17 区县职教社，市教科院职教研究所、华师大职教研究所、同济大学职教研究所和职业院校领导和代表，香港、台湾的职业教育专家学者等共计 250 余人参加了论坛。

论坛时事热点突显，紧扣时代脉搏、呼应时代需要，受到了社会和学术界的广泛关注。当前，我国正处于深化改革，扩大开放，推进

▲ 2014年11月8日，首届"海峡两岸暨香港职业教育论坛"在上海海洋大学举行（主席台从左至右：上海市台办副主任李骁东、市委统战部副部长吴捷、台湾中华商业职业教育学会理事长陈永盛、上海中华职教社主任周汉民、香港教育局副秘书长卢世雄、中华职业教育社总干事陈广庆、香港职业训练局执行干事尤曾佳丽、上海中华职教社副主任马国湘）。

经济转型升级的关键时期，亟须职业教育在培养高素质劳动者、提升国家人力资源水平、服务经济社会发展等方面发挥更大作用。13位论坛演讲嘉宾交流的论文，真实而深刻地反映了当今海峡两岸及香港职业教育和助推经济转型发展方面的现状、经验和发展思路，另有23篇具有较高学术水平的论文均收编成册，专家们的真知灼见和研究成果使与会者受益匪浅。

论坛邀请的是沪港台地区职业教育领域具有代表性、权威性的人士，涵盖了从事职业教学办学实践、学术研究、政策制定、职能管理、体制设置等职业教育的方方面面，囊括了中职、高职、本科职业教育以及职业培训、职业规划、职业需求等方面。与会代表一致认为，本次论坛既有对沪港台职业教育实践经验的总结，又有对现代职业教育理念和理论的提升，还有对新时期职业教育改革发展道路的探索和研究，是一次富有特色、富有创意、富有内涵的论坛。

本次论坛不仅为沪港台职业教育领域搭建交流平台，更是以此为契机，加强与港台专家学者和职业院校师生进行交流联谊，增进港台同胞对大陆和上海的感情，为香港繁荣稳定和台湾和平统一作出贡献。这次论坛台湾有 28 人参加，香港有 12 人参加，其中有 17 名是在校师生。这次论坛切实把握机遇，传递正能量，通过周密组织，优质服务，确保了论坛的圆满成功，确保了港台嘉宾在沪期间安全、顺利、满意。论坛期间，还邀请与会的香港、台湾职业院校的 17 名师生参加了"中华杯"职业技能邀请赛。沪港台职业技能竞赛选手同台竞技、展示才华，既切磋了技艺，又交流了感情，增进了理解，凝聚了共识。通过一天的角逐，港台选手获得了"艺术美甲、调酒师、中式点心"三个竞赛项目的 5 个优胜奖和创意奖，开创了沪港台职业技能交流的新模式。论坛结束后，组织部分港台嘉宾和师生参观了滴水湖景区，上海豫园、外滩和近郊等景点，使港台嘉宾和师生直观感受大陆特别是上海改革开放和经济社会发展的成果，加深了对祖国大陆特别是上海的了解，体验了"中华大家庭""两岸一家人"的深厚情谊，增强了沪港台加快发展，合作共赢，努力实现中华民族伟大复兴"中国梦"的共识。

2017 年 11 月 7 日，再次以"大众创业　万众创新"为主题，在沪举办"2017 海峡两岸暨香港职业教育论坛"。上海市政协副主席、上海中华职教社主任周汉民出席论坛并作主旨演讲。上海海外联谊会副会长严军、台湾中华商业职业教育学会理事长魏宏恩、香港职业训练局高级助理执行干事王丽莲分别在开幕式上致辞。上海市教委副主任郭为禄、上海市人社局副局长张岚、台湾中华商业职业教育学会常务理事、彰化师大财务金融技术系教授温玲玉、香港职业训练局资讯科技系高级讲师黄伯光、澳门大学法学院副教授汪超等 12 名沪港澳台知名专家学者作了专题演讲。市委统战部、市教委、市人保局和本市各民主党派、工商联等系统单位的领导和代表，福建、贵州、云南、江西、杭州市等省市职教社和本市 16 个区职教社、职业院校负责人和代表，台湾、香港的职业教育专家学者等共计 200 余人参加了论坛。此次论坛，还特设了芬兰职业教育经验分享，并举行了《2017 上海职业教育事业蓝皮书》发布暨赠书仪式。

台湾中华商业职业教育学会和香港职业训练局作为论坛的港台主办方，分别再次派出了 6 人和 9 人代表团出席。汇聚了一批在沪港澳台地区职业教育领域有着丰富研究与实践教学经验的专家学者，分别就"助推现代职教改革新发展，共筑双创理念社会新氛围""科创中心建设与创新人才的培养""创新创业与职业教育教学实践融合"等三个专题进行交流。三方演讲嘉宾中既有长期担任职业教育管理体制工作的资深校长、台湾中华商业职业教育学会理事郭孚宏等，也有致力于职业教育课程研究的专家香港职业训练局设计思考课程主任黄毅之等，还有长期从事职业教育理论研究的上海教科院职成教所所长郭扬等。此外，受邀前来的台湾中华商业职业教育学会副理事长、桃园光启高中校长张添洲，澳门大学汪超博士和上海本地的职业院校同行，来自上海出版印刷高等专科学校党委副书记顾凯、上海工艺美术职业学院副院长顾红和中华职业学校校长黄玉璟等代表，覆盖了中职（高中）、高职、大学等中高等教育层级。他们从学校教育管理与教学角度，将"双创"理念与教学实践相结合，配以深入浅出的案例阐述，既有思想内涵深度又贴合实际教育发展接地气，得到了与会者的高度认可。

通过嘉宾的演讲与探讨，较为全面地展示了上海、台湾、香港和澳门在职教改革与创新领域的地区特色和实践探索，贡献了新的思想，提出了不少真知灼见，促使职业教育发展与社会经济建设同向相行。通过举办论坛，为今后持续增进与香港、澳门、台湾地区职教界沟通，互通信息，凝聚共识，增进友谊提供了可持续的平台。除大会演讲交流的 12 篇论文外，还择优筛选出涉及职业院校创新建设，培育学生创新思维、创业能力，将创新融入学科建设等不同层面的 14 篇论文汇编成册，作为论坛书面交流材料，给与会者进一步思考与启迪。

此次论坛积极呼应创新主题，探索区域性论坛举办的三个"新"。一是嘉宾新。论坛首次邀请了中国澳门地区的嘉宾和芬兰的嘉宾，拓展了论坛全球化的视野。澳门大学法学院汪超博士做了《澳门的产业多元化，创业创新与职业教育：以澳门大学为例》的专题演讲，为职业教育衔接应用型大学本科教育提供了借鉴。来自芬兰于韦斯屈莱教育联合会的郭可欣（Kirsi Koivunen）女士介绍了芬兰职业教育建设体系与特色，解析了优质职业教育发展前景，为国内贯通职业教育发展途径提供了参考。二是模式新。在论坛的主持人环节，首次尝试了由香港职业训练局国际发展处处长与本地主持人搭档，共同完成论坛主持工作的新形式，更具融合性。在教育分享环节，别出心裁地安排了芬兰职业教育分享。双方互动过程中，芬兰同行听闻中华职业教育社适逢百年华诞，而芬兰迎来建国 100 年的契机，芬兰教育部职业教育部门官员安娜（Anna）女士专门为论坛成功举办制作了视频发来贺词，还贴心地打上了中文字幕。不少与会者在会后纷纷与芬兰代表进行了深入沟通与探讨，为进一步促进国内职业院校与国际教学机构合

▲ 2017年11月7日，芬兰于韦斯屈莱教育联合会的郭可欣（Kirsi Koivunen）女士分享芬兰职业教育。

作提供了有益平台。三是载体新。此次论坛除了论坛会议当天议程外，还安排境外同行实地考察本市职业教育与交流活动。代表团一行参观社史展，充分了解百年职教社的光辉历程与不懈传承。香港嘉宾到访上海市教育科学院，详细听取上海高考教育近五年的改革以及"三校生"升学立交桥的思路。三方均表示希望在未来，为沪港台学生的进一步深造，交流融合新理念、探索合作新渠道作出新贡献。

海峡两岸暨香港职业教育论坛为上海持续推进与台湾、香港、澳门职业教育交流搭建了扎实有效的平台，凝聚起促进职业教育发展的广泛智慧，对进一步深化上海与我国台湾、香港、澳门地区乃至芬兰职业教育界的交流合作，推进区域现代职业教育体系建设和经济社会发展起到了积极作用，也对服务我国职业教育的创新改革发展具有重要意义，开启了多方交流的新篇章。解放日报、新民晚报、联合时报、上海教育电视台、上海市人民政府网、东方网、新民网、凤凰网、新浪网、上海新闻网、上海东方都市网、上海会议网、中国图书馆网、未来网、华龙网等媒体进行了多角度的报道。

（二）谋篇布局，守正创新

1. 聚思想集智慧，立职教新定位

2011 中国（上海）国际职业教育论坛是有史以来参会的国际组织和国外嘉宾代表人数最多的一次，特别是国外驻华使领馆、商会派代表第一次参会。国内参会领导（副国级 1 人，副部长 4 人）、专家层次比较高以外，各省和台湾地区、中央部委办局的嘉宾和代表就达到了197 人。有 21 个省和台湾地区派代表参加了论坛，这也是该论坛有史

▼ 20 余位国家驻华大使馆教育参赞、国（境）外有关职业教育机构、海外专家学者参会。

以来的第一次，前三次论坛的代表一般以承办单位所在地为主，外省代表为 100 人左右，但这次是外地代表翻了一番，台湾地区也有 4 名代表参加。而 2017 海峡两岸暨香港职业教育论坛则邀请了我国台湾、香港、澳门地区相关领域具有一定影响力资深专家，同时开创性地开设了芬兰职业教育领域的专家学者进行现场分享交流，实现了跨区域、跨国界的深度交流与合作。

2. 重高层次谋划，强高规格推进

为承办好 2011 中国（上海）国际职业教育论坛，中共上海市委常委、统战部部长杨晓渡专门听取市有关部门领导对论坛筹备工作的情况汇报，并协调处理其中碰到的困难和问题。上海中华职教社主任周汉民在中央党校学习期间，专门请假回上海召开机关干部大会，动员大家全力以赴、排除干扰，保证论坛安全、顺利、成功举办；并全程关注和指导论坛筹备工作的进展，想方设法解决论坛经费缺口问题。副市长姜平协调解决论坛财政拨款等问题，市外办领导和综合处领导，市教委领导及办公室、国际交流处、职教处相关处室领导，市财政局行政政法处领导为论坛的顺利举办给予了大力的支持和指导。可以说，论坛的成功举办，是在各级领导和相关部门的关心帮助和全力支持下取得的，是相关部门有效协作的成果。

又如，在组织实施黄炎培职业教育思想研究会第十一次年会过程中，中华职业教育社领导高度重视，牵头成立了由主办单位、承办单位组成的三方筹备组，多方统筹协调。上海中华职教社主任周汉民多次听取筹备情况汇报，就会务保障工作专题部署。上海中华职教社胡卫副主任率工作团队专程前往中华职业教育社，汇报筹办工作和中华职教社旧址展示厅重新布展方案，中华职业教育社总干事方乃纯、副总干事李英爱及相关部门负责人听取工作汇报并提出了进一步的指导意见。年会前，方乃纯一行 5 人来沪调研会议筹备工作的最新进展情况，专程到上海出版印刷高等专科学校进行调研并召开现场筹备工作座谈会，就郝明金理事长一行会议期间赴中华职业学校和上海出版印刷高等专科学校考察调研，周密细致地安排落实好各环节工作。同时还对中共一大会址纪念馆等参观线路、会议餐饮场地等进行实地考察。

再如，2014 年、2017 年两届海峡两岸暨香港职业教育论坛，规模大，涉及面广，会务和接待工作量大，要求高，标准严。为保证论坛的圆满成功，市委常委、市委统战部部长沙海林会见远道而来的港台和北京嘉宾，市政协副主席、上海中华职教社主任周汉民全程指导论坛筹备工作，解决存在困难和问题；中华职业教育社总干事陈广庆专程来上海参加论坛并进行演讲；市委统战部吴捷、严军副部长等对论坛筹备工作给予了高度关心，参加论坛并致辞。上海市台办、市教委、市人社局、海洋大学、市委统战部相关部门、市财政局、中崇集团等单位和部门为论坛的顺利举办给予了大力的支持和指导。

上海中华职教社领导班子和机关把办好论坛、年会作为重点工作来抓，上海中华职教社主任周汉民主持召开主任会议进行专题研究部署，并分工胡忠泽、李明、胡卫、马国湘、陆靖、程裕东等副主任具体负责筹备。社机关面对机关人员少、任务重、要求高、困难多的情况，力争完成好每一项工作、把握好每一个环节、落实好每一个细节。机关打破了部门界线，统筹安排、责任到人，建立"每日工作布置汇总会议"制度，为各项筹备工作有序进行提供了有效保证。为此，社机关许多同志放弃了节假日和双休日，甚至为做好具体一项任务连续加班加点，特别是会议前夕，许多同志晚上加班到凌晨，第二天一早，又精神饱满地投入到工作之中。负责会议资料的同志直接赶至印刷厂等候，仔细核对，力争材料没有疏漏；在会场技术人员的积极配合下，会议现场提前反复测试投影、电脑、话筒、音响等设备，确保议程万无一失；接待人员节俭高效办事，为论坛的圆满安全成功作出了各自应有的贡献。

经常往来于大陆和台湾开展交流活动，年逾八十高龄的台湾中华商业职业教育学会监事傅元湘先生，盛赞大陆近年来在转变会风方面所取得的成果，对论坛会务体现出的"务实、凝练、开放、专业、精彩"的特色表示赞赏。

三、论坛举办的成效影响与展望

（一）火花碰撞：促进职业教育思想交流与共享

通过举办论坛年会，拓宽了合作交流渠道，来自不同国家、不同地区以及国内各省市的中华职教社，致力于职业教育事业发展的同道中人，既有业界专家学者，也有政府行政部门代表，围绕"党的领导和中国百年职业教育""大力发展职业教育""建设人力资源强国""现代职业教育与经济转型发展""大众创业　万众创新"等当下时事热点、社会民生关切，进行头脑风暴、智慧碰撞，引发思考、贡献良策，彰显了职教社爱国奉献、服务民众的传统，更好推动内地与港澳台地区甚至国际职业教育事业加强合作，提高我国职业教育国际影响力和对外开放水平的有效平台和举措。

（二）成果转化：助推职业教育合作与项目落地

通过举办论坛，进一步推动建设新型国际关系，促进海内外中华儿女大团结，发挥民间组织作用，海峡两岸暨香港职业教育论坛也将持续举办，已申报列为市委统战部第四届上海创新创业青年50人论坛子论坛项目，并进一步打造成深化两岸融合发展与推进祖国统一、促进港澳融入国家发展大局的重要平台。

2021年2月，上海中华职教社副主任胡卫与来访的日本驻沪总领馆新闻文化部部长西野幸龙领事一行进行了交流座谈，希望通过到访与上海中华职教社促成更多职业教育领域具体的合作。中日职业教育合作与交流是中日文化教育交流的重点领域，日本驻沪总领馆曾与上海部分院校开展了交流合作项目，取得了不错的成效。此次交流与沟通，为双方开展合作提供了广阔的空间，拟商定建立双方职业教育交流合作的平台，在开展学术交流、师资培训、校际合作、专业课程引入等方面进行合作，促进中日职业教育的共同发展。

同年6月，胡卫接待了芬兰驻沪总领事何朗明、芬兰驻华大使馆教育与科技参赞时明睿一行11人到访，商谈继续加强双方在职业教育方面的交流与合作，进一步促成双方职业教育全领域的多项合作，为今后开展深度合作提供了新的渠道，为促进项目引进落实提供了新的机遇。芬兰国家教育署、芬兰商务促进局、芬兰应用科技大学联盟、芬兰教育集群、芬兰 Hei School、上海行健职业学院、上海新世界教育集团等单位负责人参加了座谈。

（三）未来展望：探索职业教育引进来和走出去

通过举办论坛年会，产生品牌效应，扩大职业教育国际合作朋友圈。中华职业教育社具有开展民间外交和港澳台交流的优势，具有联合国公共信息部所联系的非政府组织及联合国经社理事会特别咨商地位的非政府组织成员身份，积极参与联合国非政府组织年会，成为国家外交事业的有益补充。同时不断加大与"一带一路"沿线国家、东盟成员国、非洲国家的合作，做好境外优质职业教育资源"引进来"

▲ 2018 年 4 月 19—27 日，上海市政协副主席、上海中华职教社主任周汉民率团对尼泊尔、越南、柬埔寨三国进行访问（代表团一行会晤尼文化旅游与民航部官员，从左至右：上海金山区中华职教社主任朱建国，中华职业教育社副理事长、上海中华职教社副主任马国湘，上海中华职教社副主任胡卫，上海中华职教社副主任、上海浦东中华职教社主任谢毓敏，上海市政协副主席、上海中华职教社主任周汉民）。

工作。

　　上海中华职教社主任周汉民率社员中的部分市政协委员赴"一带一路"沿线国家访问，从代表团此次访问三国时调研的情况来看，可以考虑由上海著名的教育集团领先走出国门，协助有条件的国内职业教育机构"走出去"，助推职业院校更好参与项目合作，到包括"一带一路"地区在内的国家举办具有中国教育特色、有国际竞争力的学校，既有国际教育水准，又能与中国国内教育内容衔接。在办学时应注意借鉴目前外国使领馆在中国举办的美国学校、法国学校和德国学校的成熟经验与做法，既可以为所在国的中国员工、华人华侨子弟服务，也可以招收喜爱中华文化的外国学生。

　　继续加强与港澳台职业教育界的沟通联系，融入上海海外联谊会牵头组织的港澳台侨青年学生实习计划，搭建港澳台青年赴内地就业创业平台。不断延伸合作平台，开辟更多合作渠道，开展多方务实交流对话，促进各国、各地区职业教育繁荣发展。积极探索"中文＋职业教育"国际化发展模式，不断扩大我国职业教育的国际影响力和话语权，共同促进职业教育国际化进程。

第五章 "中华牌"学校的沿革和恢复

"藕发莲生，必定有根"，本章"中华牌"学校是指由一所民办高职（上海中华职业技术学院）、四所民办非学历培训机构（上海市中华职业进修学院、上海中华专修学校、上海市中华职业第二进修学院、上海中华职工中等专业学校），加上中华职教社创办、后转为全日制公办学校的中华职业学校和比乐中学（现上海音乐学院附属黄浦比乐中学），以及上海商业会计学校这三所学校所组成的"1+4+3"院校方阵，这些院校都在上海地区，都与中华职教社、上海中华职教社有深浅不一的血脉关系或历史渊源。

一、中华职教社成立以来办学实践的背景、做法和意义

1917 年中华职业教育社创建后，即以研究职教、推行职教、试验职教为职志，围绕职业学校教育、职业补习教育、职业指导进行了大量的职业教育实践和探索，目的就是为职业教育界开辟一条新路。

中华职教社办学始于立社后的第二年，即 1918 年 6 月创办中华职

业学校。据统计，从 1918 至 1950 年，中华职教社在上海时期先后办学 54 所，其中自主举办 26 所，合作举办 14 所，接受其他单位或个人委托办理的 14 所。现将其办学实践的基本情况略述如下。

（一）创办职业学校

1. 创办中华职业学校

中华职教社创办后不久，为开展沟通教育与职业的实验，就提议创办职业学校。1918 年 5 月职教社在《中华职业学校设立之旨趣》中表达了办校初衷：提倡职业教育"空言寡效，欲举例以示人，不可无实施机关"。

经过多位实业家、金融家、社会贤达和南洋侨商等的热忱集资，黄炎培、沈恩孚、穆藕初等人勘定上海陆家浜南岸（今陆家浜路 918 号），"租地建屋创办职业学校以备各地实施者之参考"。1918 年 6 月 15 日学校奠基，9 月 8 日开学。由此，中华职教社首个实验基地、我国第一所现代意义的职业学校——中华职业学校应时而生、应地而生。

学校以"敬业乐群"为校训，职业陶冶与公民训练并重，并要求有"金的人格，铁的纪律"，提倡"劳工神圣"，以"双手万能，手脑并用"图案为校徽。学校开办伊始，遵循五条教育方针：（1）所授知识注重应用；（2）半工半读，注重实习；（3）劳动服务轮值分任；（4）学生自治，养成美德；（5）注意养成创业能力。学校规定学生入学时一律要写誓约书，主要内容为尊重劳动、遵守纪律、服务社会。为锻炼学生的自治能力和适应团队生活，1918 年 10 月 10 日，学校成立学生自治机构"职业市"。

经过调研，建校初期设铁工、木工、珐琅、纽扣四个科，并有铁、木、珐琅、纽扣四个工场，后逐渐定型为机械科、土木科、商科等 3 科。

实行初级（招收高小毕业生）、高级（招收初中毕业生）、六年两级制和五年一贯制（本校初级毕业生留校学习可直升高二年级）相结合的学制。

学校制定了办学章程，对宗旨、设科、学制、课程、入学资格、纳费都有明晰的条文规定，陆续制定了《修养标准》《自省》和多种规则等，印成《学生须知》，人手一册。学校规定，学生毕业时先发修业期满证书，待服务社会或者升学一年，取得工作或升学成绩优良证明书后，送校审核，始正式授予毕业证书。

学校成为当时国内外颇有影响的"最富有试验性学校"，中华职教社根据学校办学实践经验，编辑出版了各类职业学校规划书，包括设科、学制、教学、实习、课程设置、师资、附设工场等，供全国职业学校参照实施。

1937年"八·一三"淞沪战起，校舍多遭损毁，学校一部分借公共租界浦东大厦复课，史称"中职沪校"；一部分西迁重庆办学，史称"中职渝校"。1941年12月，日军占领租界后，中职沪校改名"工商学艺所"维持教学。1945年8月，沪校迁回陆家浜路原址，恢复校名。1946年5月，渝校返沪复员。

上海具有百年以上历史的大中小学校为数不少，上海职教系统已逾百年的中等职校历史名校仅中华职校一家。1918年建校到1950年初中华职业学校的办学，进行了许多"破千年封建陋习，开一代教育新风"的敢为人先的创新，探寻了职业教育该怎么办的路径，使黄炎培等先贤的职业教育理论得以付诸实践，为近现代城市职教提供了可资借鉴和推广的实证案例，使学校成为国人自办自强的职业教育创意品牌，在中国近现代职教历史上具有独特的样本价值。

2. 创办中华工商专科学校

抗日战争时期，中华职教社在大后方兴办了中华职业学校渝校、广西职工培训所、广西平乐实用职业学校、华艺工科职业学校、四川灌县都江实用职业学校、昆明中华小学、昆明中华业余中学、银行专科学校和中华工商专科学校等。

1942年11月，为了培养民族复兴所急需的高级专业人才，中华职教社在重庆决议添办中华工商专科学校。1943年9月，学校在重庆张家花园开办、招生。初设工商管理和机械两科，学制两年半和两年。先期聘有教授杨荫溥、王元照、狄膺、苏渊雷等33名，特约教授王云五、潘序伦、刘攻芸、章乃器等15名。聘请张群、黄炎培、宋汉章、陈光甫、钱新之、张嘉璈、冷遹、杜月笙、江恒源、杨卫玉、吴蕴初等为校董，公推张群为董事长，黄炎培为副董事长，江恒源为校长。在重庆两年半间，共毕业学生200余人。

中华工商专科学校的创办，探索高等教育与职业教育相结合，从而构建了由初等、中等、高等职业教育和职业补习教育组成的比较完整的职业教育体系。学校注重参观、见习，重视实践，"做学合一"，学以致用，"读书爱国两无慌，文兼武"，由黄炎培作词的校歌，体现了立校精神。

1946年6月学校迁至上海，以西爱咸斯路（今永嘉路）471弄蓉园为校址。当年10月20日开学，设会计、银行、工商管理三科，新生255名。1947年秋，学校恢复机械工程科，在朱葆三路（今溪口路）增设分校，并借中华职校工厂供实习，学生达637人。1948年8月，学校广募资金，在蓉园校址兴建大楼一幢，学生人数达720名。

学校聘请马寅初、郑太朴、陈望道、赵景深、杜守素、陈伯康等21名教授任教，邀请郭沫若、沈雁冰、叶圣陶、张綱伯等到校讲演，而伦理学则由黄炎培讲授。

从1946年秋到1949年春，师生积极参加中国共产党领导的第二条战线的斗争，成为当年上海学生运动的民主堡垒。

1952 年 8 月华东区高校院系调整，学校停办。机械科分别调整至交通大学、华东交通专科学校，会计、银行、工商管理调整至上海财经学院。作为优秀人才的摇篮、社会栋梁的学府，中华工商专科立校九年，共培养了八届 971 名毕业生。

3. 创办比乐中学

1946 年，抗战胜利的凯歌迎来了兴办教育的热潮。源于中华职教社改革普通教育的宗旨，黄炎培、江恒源、杨卫玉、何清儒、孙起孟于 8 月 13 日联名在上海《文汇报》发表《中华职业教育社创设比乐中学意旨书》，决定在上海创办比乐中学。

9 月 12 日，在临近复兴公园的雁荡路 80 号中华职教社，比乐中学举行了开学仪式，黄炎培参加并致辞。时任校董黄炎培、江恒源、杨卫玉、何清儒、王艮仲、孙起孟等 14 人，董事长江恒源，首任校长孙起孟，校务主任庞翔勋，教导主任杨善继。

创办比乐中学的理由可概言之为"两点三制"。"两点"即在普通中学内实施职业指导、兼施职业训练。"三制"即小班制（为利于个别指导，每班最好不超过 30 人）、家校合作制（学校与学生家长合作，学费也采用合作制）和教训合一制（教师要负责学生学知识技能和学做人两个方面）。

比乐中学在"升学准备与职业训练同时兼顾"方面进行探索，使学生在中学六年既学完普通中学规定课程，又具备某些职业才干，在毕业生后"于升学不致有妨，而于就业取得特别便利"。希望在初中阶段施行职业指导（职业陶冶），使学生受过职业指导以后可以根据指导，依其个性发展升入分科的高中。

学校在完成普通中学教学任务的同时，重视传授应用知识、培养职业技能，如国文课重视应用文、书法训练，使学生无论公函私牍都能应用。英语课加书信、会话和打字，算术课加珠算、简易测量和绘图，化学课学制酒酿、浆糊、墨水、肥皂、雪花膏等，博物课学标本采集制作。成立木工组，学锯刨技术、制小板凳，电工组学安装和修理电灯线路等，商务组学商业簿记、会计，教育组就下里弄当小先生教穷苦孩子识字。

另外，举办合唱、钢琴、舞蹈、戏剧、美术、木刻等课外活动小组，任学生按兴趣选择参加，培养学生多方面爱好、能力，提高学生文化素养和情操，从中观察了解明确学生的职业发展方向。

学校贯彻民主办学的精神，实施家校合作、协力办学。学期开始，学校向家长报告工作计划、教学目标和收支计划。学期中开几次家长座谈会，听取意见，改进工作；学期结束开家长会，展示学生成绩，展览教学成果，进行文娱演出，公开收支账目。学校规定班主任必须访问每名学生家庭，了解学生经济条件、学习环境、性格特点、兴趣爱好等，以便因材施教。级任老师每周与家长联系互通学生情况，商讨如何教育，对每名学生建立书面记载材料。

学校管理同中华职教社所办其他学校一样，注重培养学生自治自主能力和敬业乐群品德。学校尊师重教，师生平等相处，同学间相互关心，团结友爱，校园生活活跃，充满生气，洋溢着民主团结、积极进取的校园氛围。

举办一所既不同于为升学而教的普通中学、也不同于培养中等技术人才的职业学校的新型中学——比乐中学，是职教社办学实践的又一创新。在普通中学兼行职业训练、职业指导，开展家校合作等等，既有利于就业，也有利于继续深造，又有利于生涯发展，避免选择职业和专业的盲目性。这在当时不啻是具有开拓性的锐意尝试，是为中等教育办学践行"普中有职""普职融通"理念打开一条新路。创办比乐中学的意义和价值就在于此。而经过1946年至1949年三年的办学，比乐中学也已发展成为一所有影响的初级中学。

（二）开展职业指导

中华职教社创立伊始，就认为职业指导是实施职业教育不可或缺的形式，是沟通教育和社会的重要渠道，引入当时国际上盛行的职业指导理论，开展职业陶冶、升学指导、就业指导等职业指导工作。

1918年《教育与职业》第5期刊发了顾树森的《职业陶冶之意义与其方法》，1919年《教育与职业》第15期《职业指导专号》刊发了多篇研讨职业指导的文章，1920年《教育与职业》第17期《职业心理学专号》提出职业心理学是职业指导的基础理论之一。

1920年职教社组建了职业指导部，1921年面向社会开展职业介绍业务，1923年出版职业指导丛书。1924年4月至5月，职教社职业指导委员会在上海、南京、济南、武汉开展了"一星期职业指导运动"，2 000余人接受指导。1927年9月职教社创办了我国第一个提供职业指导社会服务的机构——上海职业指导所。

1931年，职教社成立了海外职业介绍部，推荐人才去南洋工作。抗战期间，职教社在重庆、昆明、桂林、贵阳等地成立职业指导所，面向社会免费开展职业指导服务，努力"使求人者得人，求事者得事"。

（三）实施职业补习教育

中华职教社成立后，逐渐认为职业补习教育在职业教育中实居最重要地位，其发展更具必要性和优势，因此注重研究、实施职业补习教育。

1920 年职教社在中华职校附设工商补习夜校，1929 年设立职业补习晨校，1930 年创设面授与函授结合的"通问学塾"。

1932 年，中华职教社把工作重点转移到提倡和创办职业补习学校上来。1933 年起，中华第一、第二、第三、第四、第五、第六、第七等职业补习学校相继成立，学生均在千人以上；第一、第四两校人数最多时曾达 4 000 余人，影响广大。

抗战期间，中华职教社在上海、昆明、成都、重庆、贵阳、桂林等地共办过 11 所职业补习学校，根据 1941 年统计各校学生总数达 16 084 人。

1941 年底，上海多所职业补习学校被迫停课。1946 年上海第一、二、四补习学校相继恢复，当年共招生五千多人。1951 年，第一中华职业补习学校改名为中华业余学校。

（四）推行女子职业教育

1921 年起，《教育与职业》从研讨女子职业教育入手，第 30 期、第 32 期分别为《女子职业教育号》《女子家事教育号》，积极研究、倡导和推动女子职业教育，黄炎培等人不仅为女子职业教育鼓与呼，还投入女子职教办学实践，开风气之先，既帮助贫困女子解决生计问题，也促进了妇女解放和社会进步。

1924 年 3 月，中华职教社与嘉定久康棉织厂合作，在南京相继创办了两家女子职业传习所。由棉织厂供给原料并承销产品，中华职教社聘请教师传授理论知识和毛巾、袜子等织物的制作方法，学员半工半读，期满后由棉织厂方给予全部工资。1928 年 1 月，传习所由南京市教育局接办并承担运行经费，但继续委托中华职教社管理。

1926 年，中华职教社"四老"之一冷遹先生鉴于男女平等，必先提倡女子职业，又以当时江南的蚕桑事业，无锡以西镇宁一带亟待发展，于是联合黄炎培、江恒源、杨卫玉等商讨设计建校计划。适先有江苏省仪征唐儒箴女士有感于镇江女子生计困难，愿把在镇江城内小校场的嫁时奁田 26 亩，捐赠中华职教社，请在镇江办女学。遂于当年 10 月由黄炎培、唐儒箴、冷遹联名发起创设私立镇江女子职业学校。并约同江恒源、杨卫玉、陆小波、胡健春、包俶青、葛敬中等成立校董会，推原发起人冷遹为董事长。学校 1927 年 2 月开学，以培育女子有独立谋生的一技之长、从事有益于社会的生产事业为办学宗旨。冷遹提出镇江土地宜桑，应先提倡女子育蚕制种，发展丝绸业，因此，学校创立之初以育蚕科、植桑科为主，中华职教社即将唐儒箴所捐之地赠该校接管为基本桑园。抗战胜利后，发展为兼具师范科、会计科和初中部的多科职业学校，成为业界翘楚。

此外，新中国成立前中华职业教育社的办学事业还有农村教育，如昆山徐公桥、镇江黄墟、吴县善人桥、泰县顾高庄、绍兴诸家桥、沪郊农村、长兴小溪口等地的乡村改进试验区等，又如镇江三益蚕桑制种场、中华新农具推行所、漕河泾农学团、蓉南农村教育推进区等，再如观澜义务教育试验学校、上海位育小学、上海伤残重建服务处等，以及与上海市卫生局等合办兽医专科学校、受三友实业社委托代办女子新式缝纫传习所等，难以一一尽述。

纵观中华职教社的办学实践，明确的目的性、学业的实践性、有效的示范性、亲民的公益性是其鲜明的特色。尽管受当时国内外形势、历史条件等因素的限制，中华职教社的许多理想和探索未能完全实现，但既为社会培养了各类人才，更为中国职业教育的理论和实践积累了丰富的成果和经验，在中国职业教育史乃至中国近现代教育史上写下了浓墨重彩的篇章。

二、三所"中华牌"公办学校的发展与实践

（一）中华职业学校

1. 风云际会聚热土，人文渊薮中华园

中华职校不仅设科、学制、课程、教材、管理等成为全国职业学校的范例，而且有深厚文化积淀和光荣革命历史。

1919 年 5 月 7 日，中华职校等 40 余所学校成为在上海公共体育场最早声援五四运动的院校。同年 9 月，学校开设留法勤工俭学预备科，为推进留法勤工俭学运动作出了宝贵贡献，为中国共产党培养了张闻天、熊锐、黄士韬等第一批优秀干部。

学校是马克思主义思想的传播地、青年学子革命信仰的启蒙地。1920 年 3 月 29 日，陈独秀应邀到中华职校演讲。1922 年 9 月 3 日，李大钊应邀到中华职校作关于青年问题的演讲。不少革命者和中外名人如梁启超、马君武、王正廷、章太炎、蒋梦麟、邵力子、邹韬奋、沈雁冰、侯绍裘、杨贤江、高君宇、柳士英、张澜、杜重远、冯玉祥、杜威、孟禄、朗之万等来校演讲、访问、教学。

1923 年，中华职校建立了中国社会主义青年团团支部。从 1939 年夏起，沪校 39、40、41 三届毕业生 40 余人先后参加滇缅铁路、公路和机场的修建，为打通抗战时西南交通命脉作出了贡献。1939 年，校内建立学生党支部，从此，学校党组织的活动此起彼伏、连绵不断。学生持续参加与国民党反动政府激烈斗争的学生运动，积极融入配合人民解放战争的第二条战线，用青春热血铸就上海沪南学生运动的"民主堡垒"。从 1939 年至 1949 年 5 月上海解放，学校已查清姓名

的党员有 83 人。

1951 年起,学校受国家石油管理总局委托,办了 1952、1953、1954 三届石油机械科,培养了 370 多名新中国急需而紧缺的第一代石油专业技术人才,史称新中国石油工业的"黄埔军校"。

建校以来,顾树森、黄伯樵、潘仰尧、姚颂馨、赵师复、杨卫玉、贾观仁、贾丰臻、王怀冰、江恒源、庞翔勋等先后担任校长。

建校以来,这里走出了黄仁、熊锐、黄士韬、孙福元、关秉准、周宝训、江竹筠、彭立人等革命烈士;走出了张闻天、华印椿、徐伯昕、顾准、华罗庚、黄大能、秦怡、陈述、张文赓、邹世昌、贺崇寅、祝幼琬、朱森林、朱宗葆、孔柏基、傅正泰、王世绩、顾心怿、陈兆祺、傅其芳等杰出校友。

2. 易址复校守初心,承典塑新薪火传

1986 年 9 月 6 日,乘着改革开放的东风,顺应时代发展需要和海内外校友心愿,在中华职业教育社、上海中华职业教育社和上海市政府、原卢湾区政府的大力支持下,停办 30 多年的中华职业学校在距离原址 2.8 公里的现址(打浦路 303 弄 16 号)复校。伴随着上海城市变迁、经济转型、产业升级和现代服务业的蓬勃发展,学校紧紧抓住职教布局调整、资源整合、上海市百所中等职校重点建设工程、国家级重点中职学校创建、开放实训中心建设、国家职业技能鉴定站所挂牌、示范品牌专业建设等一系列改革发展机遇,在服务经济社会发展、培育青少年成人成才、促进就业与再就业等方面孜孜以求,不断作出新的探索和贡献,成为上海市中心城区一所独具历史文化底蕴和专业品牌特色的"小中见大"的现代化职业学校。

学校始终秉承"使无业者有业,使有业者乐业"的办学宗旨和"敬业乐群"的校训,坚持"手脑并用""做学合一"的教学原则和

"金的人格、铁的纪律、强的技能、美的形象"的育人准则，精心培育"爱我中华""双手万能""德技双馨"的新时代技能人才，走出了一条传承不守旧、创新不忘根的发展之路，使黄炎培职业教育思想一以贯之，优良的教育传统一脉相承，深厚的文化精神薪火相传。

3. 踵事增华砥砺行，履践致远再出发

学校聚焦区域经济社会发展，面向现代服务业，开设"航空旅游"和"文化创意"两大专业群，举办空中乘务（中高贯通）、民航运输（中高贯通）、中西餐烹饪、高星级饭店运营与管理、休闲服务（高尔夫）、商务日语、视觉传达设计（中本贯通）、影视动画（中高贯通）、戏剧影视表演（中高贯通）、艺术设计与制作、幼儿保育、计算机网络技术等专业。积极试点中本贯通、中高贯通、双证融通、现代学徒制等培养模式创新，深化校企合作、产教融合，推进美丽校园、文化校园、智慧校园、健康校园建设，大力培养"双师型"教师、骨干教师、专业带头人和创新教学团队，开展课程、教材、资源库建设和教育科学研究，积极服务社会，开展职业培训、技能鉴定，为中小学提供职业体验课程服务，按照"文化立校、依法治校、创新兴校、质量强校"的发展思路，实施"八大工程"，使学校面貌焕然一新，办学品质再上台阶，"金"字招牌更加闪亮，社会美誉度持续提升。

近年来，学校荣获全国国防教育特色学校、上海市文明校园、上海市家庭教育示范校、上海市技能人才培育突出贡献单位等荣誉称号，成为国际烹饪技艺交流中心、上海餐饮国际培训中心、中德厨师劳务合作上海考试中心、日本料理调理技能认定海外指定机构、中法高级别人文交流机制美食文化交流示范基地、上海市西式烹调师社会培训评价组织。教师在全国职业院校教学能力大赛中屡次夺冠，学生在全国职业院校技能大赛中多次获金。

▲ 中华职业学校学生风采

（二）比乐中学（现上海音乐学院附属黄浦比乐中学）

1. 普中有职践理想，比音乐之探新路

据 1944 年全国教育资源统计，全国中学有 2 759 所，而职业学校只有 424 所，普通中学的数量远远超过职业学校的数量。1945 年抗战胜利后，在百废待兴、重整旗鼓之际，黄炎培等中华职教社领导重新考虑职业教育的现状，探索性地创办了在普通学校兼顾职业训练、职业指导教育的比乐中学。

比乐中学的办学注重实施职业指导、兼施职业训练。比乐中学既不同于当时完全为升学而教育的普通中学，又不同于以训练各种技术人才为目的之职业学校，而是想在这"升学准备与职业训练同时兼顾"方面作一些探索，使学生在中学六年既学完普通中学规定课程，又具备某些职业才干，在毕业生后"于升学不致有妨，而于就业取得特别便利"。又认为"大多数青年不论男女，到了十四岁或十五岁，天然地会想到将来生活的寄托，就是择业问题。教育在这个时候，就应该用种种方法明示或暗示各种职业的意义价值和从业的准备等等，使得每个青年不要走向和他天性或天才不相近的道路"。希望在初中内对学生施行职业指导（职业陶冶），使他们"受过职业指导以后可以按着指导，升入分科的高中"。

学校管理同中华职教社所办其他学校一样，注重培养学生自治自主能力和敬业乐群品德。学校对待学生不是管制压迫，不设训育主任，只设教导主任。公民课由校长孙起孟和教导主任杨善继自编教材，讲解爱国爱民、民主自由的道理和青年人的品德修养等。学校鼓励同学自信、自立、自强，指导学生成立班联合，学习自己管理自己的事情。尊重学生的人格，培养学生的自尊心，考试时不设监考老师。"比乐中学从一开始就充满着生气，校内生活极为活跃。"

1949 年 8 月，市军管会市政教育处决定停办私立青年中学，其校舍、设备拨归比乐中学使用，任命江恒源为校长，从此比乐中学成了具有历史进步意义的完全中学。1950 年 3 月杨善继接任校长，直至1981 年 9 月调任上海卢湾区教育局副局长（1982 年调北京任中华职业教育社总社主任），在比乐中学任职达 35 年之久。1956 年 1 月，比乐中学改为上海市公立完全中学。作为中华职业教育社团体社员，比乐中学始终与中华职业教育社血脉相连，一路同行。

正如比乐中学首任校长孙起孟所言："创办比乐中学的基本指导思想是改革。"比乐中学是一所在普通中学内设职业训练的负有实验性使命的学校，是一所职业性中等学校，是充满朝气的新型学校。其办学理论与实践，如在普通中学兼行职业训练、职业指导，开展家校合作等等，既有利于就业，也有利于继续深造，又可以避免选择职业和专业的盲目性，有利于生涯发展。这在当时不啻是一项具有开拓性的创举，是为中等教育界的办学打开一条新路，创办比乐中学的重要意义和时代价值就在于此。尽管受当时国内形势变化、历史条件的限制，一些探索未能完全实现，也影响了成效的显现，但毕竟在中华职业教育社历史乃至中国职业教育历史上写下了精彩的一页。

2. 比优乐学重五育，自主发展育英才

比乐中学校名的由来颇有典故和意蕴。1930年爱国教育家、复旦大学首任校长马相伯先生为中华职教社礼堂题名——"比乐堂"。马相伯对"比乐堂"的解释是："中华职业教育社在使无业者有业，有业者乐业。惟有群，然后能乐。""比乐"一词源于《易经·杂卦》。"比"是"易经"六十四卦中的一个卦名，"乐"是'比'卦蕴涵的意义。这与中华职教社策社会群力而办学，"使无业者有业，使有业者乐业"的理念相辅相成。

"比乐"一词又见于《礼记·乐记》，《礼记·乐记》云："比音而乐之，及干戚羽旄谓之乐。"《文心雕龙·情采》云："五音比而成韶（舜乐）夏（禹乐）"。意为五音（宫、商、角、徵、羽）要和谐，才能奏出美妙的乐章。取意教育如同音乐，要追求教育对象的和谐发展。"比乐"校名蕴含的五音和谐的办学思想，对学校的可持续发展产生了重大影响，并先后催发了多种有价值的教育主张。

学校以不断进取的精神，从"比乐"这一校名、"五育并重，乐育英才"的办学思想生成了"比优乐学，自主发展"的办学理念和"自觉主动，乐群向上"的培养目标，这也成为了学校追求的办学境界。

70多年来，尽管学校几度搬迁，从两个班61名学生，发展成为一所大型的完全中学（学生最多时达2 800名，57个班级，200多名教职工），但为民办学的宗旨不变，"比音而乐之"的和谐教育理念不变，形成了自己的校风、教风和学风，创出了特色。

新中国成立后，比乐中学坚持教育改革，在上海市一直具有良好社会声誉。特别是 20 世纪 90 年代以来，比乐中学作为上海市中小学一期、二期课程教材改革的研究基地学校，在探索中积累了丰富的经验，成为区素质教育的实验基地，办学水平和教育质量稳步提升。

作为全国射箭重点学校、全国群众体育先进单位、全国中华优秀传统文化传承学校（书法）、市文明校园、市体育传统项目学校、市体育特色学校、市艺术教育特色学校、市家庭教育工作先进集体、市依法治校示范校、市中小学（中职）劳动教育特色校等，学校发挥艺术、体育、科技等优势，多年来学生参加国家级、市区级艺术、体育等各类比赛获奖颇丰，如荣获 2020 年"第三届上海市青少年人工智能创新大赛"个人一等奖、2021 年上海市学生艺术作品展书法一等奖、2022 年 RoboCup 青少年世界杯中国赛上海地区选拔赛团体一等奖、团体三等奖，在全国射箭重点学校锦标赛、上海市第十六届、第十七届市运动会等比赛中均荣获多项个人、团体奖项。

上海中华职教社也一直关心关注学校的发展动向。2016 年 10 月 29 日比乐中学举行建校 70 周年庆典时，周汉民主任亲临学校祝贺并讲话，希望学校一是要不忘初心，勿忘创立之初心，勿忘传播职教之精神，坚持播撒职业教育的种子，鼓励广大学子以成为"大国工匠"为荣；二是要着眼当前，深度参与国家教育改革，坚持改革精神，助力国家教育转型发展；三是放眼未来，努力打造"比乐"现代化完中品牌，努力培养适应经济社会发展的各方面人才。希望比乐中学秉持历史使命，传承比乐精神，为国家教育改革和全社会的教育事业作出更大贡献。

2018 年，因区域经济整体发展大局和区内教育资源优化整合的需要，上海市李惠利中学并入比乐中学。两校合并初期，因更名的事宜遇到不少困难，上海中华职教社给予了很大的关心与帮助。

比乐中学创办以来，为社会各界培养了众多优秀人才，如著名音乐指挥家、上海音乐学院指挥系教授黄晓同，著名等离子体物理学家、原西南物理研究院副院长钱尚介，海军少将钱宁逊、复旦大学博士生导师王邦佐、航天部高级研究员傅巽权、化工专家朱子彬和上海市政协委员、一级播音员张民权等。

3. 比音同行谱新篇，奋楫笃行向未来

2022年2月，在黄浦区委、区政府的大力支持推动下，学校迎来了重要的战略机遇——与上海音乐学院达成合作意向，学校正式更名为"上海音乐学院附属黄浦比乐中学"。

▼ 2022年2月17日，中共黄浦区委书记杲云（左三），上海音乐学院党委副书记、副院长徐卫（右三），上海中华职教社常务副主任胡卫（右二）等领导出席"上海音乐学院附属黄浦比乐中学"揭牌仪式。

"上海音乐学院附属黄浦比乐中学"将在新的历史起点，依托国际国内享有盛誉的高等音乐学府——上海音乐学院的专业和资源优势，以提升艺术创新素养、培养艺术创新人才为目标，在课程构建实施、教学模式创新、学习空间创设、师资队伍建设、教育资源共享等方面探索合作办学的实践，共享上海音乐学院可开放的教育教学资源、学生社会实践资源和相关学术资源，分享学习交流展示的机会与舞台，用音乐激活创造，用艺术点亮生命，奋力开启"比优乐学、自主发展"的新篇章。

新时代，"上海音乐学院附属黄浦比乐中学"将继续秉承"五育并举，乐育英才"的办学思想，坚持"比优乐学、自主发展"的办学理念和"自觉主动，乐群向上"的育人目标，依托区域发展优势，通过与上海音乐学院的合作，以更高站位、更广视野，积极探索"音乐人工智能创新人才一体化培养"等育人样式，打造"艺术教育新品牌"，努力建设具有先进教育理念、培育"音乐艺术创新素养"的特色完全中学，培养面向未来的优秀人才。

（三）上海商业会计学校

1. 躬耕树蕙一甲子，清荷故事竞芳华

上海商业会计学校创办于1962年。1962年2月，由胡厥文、刘靖基等一批上海工商界爱国人士出资，经中共上海市委批准，由市委统战部主办、市高教局承办，创建全日制中等专业学校"沪光职业学校"。1965年7月，学校由当时的上海市第一商业局接办，改校名为上海商业会计学校。学校曾于1972年被迫停办，直到1977年底，经当时上海市第一商业局和上海市教育局批准复校。

1979年，上海市第一商业局职工大学在此成立并办学，学校一套

班子,两块牌子(中等专业教育和高等成人教育);1996年与上海财贸干部管理学院合并组建上海商业职业技术学院(2004年升格为上海商学院),本校成为上海商学院高等技术学院院区之一。

学校隶属于上海市经济和信息化委员会,是国家级重点中等职业学校。学校共有两个校区。黄浦校区坐落在黄浦区陆家浜路918号,占地20余亩,建筑面积近3万多平方米;普陀校区坐落在普陀区交通路1933号,占地近20亩,建筑面积2万多平方米。

学校有市级名师培育工作室主持人3人,开设有会计、金融事务、国际商务、物流服务与管理、商务英语、电子商务、新媒体技术应用、网络信息安全、无人机操控与维护、美术影视与动画等专业、网络管理与维护等专业,其中会计、金融事务、国际商务等市级精品特色专业已实现向市级示范性品牌和品牌专业的跨越。网络信息安全、新媒体技术应用、无人机操控与维护等专业顺应新兴产业发展的要求,成为学校专业布局新亮点。

学校黄浦校区原来是中华职业学校旧址,是中国创办最早的职业教育之地。2012年12月学校加入中华职教社,成为中华职教社团体社员。

2. 固本强基谋新局,提质增效创佳绩

学校以立德树人为根本任务,在融合传统文化与现代职业精神的过程中,充分利用家长学校、清荷素养小程序等平台,逐渐孕育出特色鲜明和内涵丰富的清荷文化,形成全员育人、全过程育人、全方位育人的清荷文化协同育人品牌,为学生的职业发展和可持续发展服务。

学校聚焦城市产业发展新体系,适应产业发展新趋势、人才需求新变化所带来的影响,参照新版职业教育专业目录(2021年),对标产业动态优化专业布局。学校现布局智慧财经、现代商贸、数字技术

3个专业群11个专业，智慧财经专业群有会计事务、金融事务2个专业；现代商贸专业群有电子商务、商务英语、国际商务、物流服务与管理4个专业；数字技术专业群有网络信息安全、计算机网络技术（网络管理与维护）、新媒体技术应用、美术影视与动画、无人机操控与维护5个专业（方向），学校继续提升会计事务示范品牌专业、金融事务品牌专业的辐射效应，加强专业群内优质资源共享和共同发展。

学校坚持文化素质教育和职业素养培育"双轮驱动"，积极拓展中本贯通、中高贯通、中外合作专业国际化办学、国际水平教学标准试点班、企业冠名班、现代学徒制等多种人才培养模式，打造成满足学生多元化发展需求的精致化商科学校，努力培育全球卓越城市建设所需的高素质技术技能人才。

学校正依据国家提质培优行动计划、市级优质中职培育学校建设目标，以学校"十四五"规划为引领，以提升职业学校关键能力为基础，以深化产教融合为重点，以推动职普融通为关键，以科教融汇为新方向，统筹学校战略发展全局，统筹协同创新，有序有效推进学校教育教学体系建设改革，凝炼学校办学特色，切实提高学校办学质量、适应性和吸引力，培养更多高素质技术技能人才、能工巧匠、大国工匠，为加快建设教育强国、科技强国、人才强国奠定坚实基础。

3. 校企合作育英才，产教融合赢未来

在促进职业教育高质量发展的大背景下，上海商业会计学校在深化产教融合、校企合作中作出积极的探索与努力，不断完善"政行企校"多元协同联合育人机制，主动对接产业发展地图、服务产业转型升级，健全专业动态调整机制。近年来，网络信息安全专业人才需求量高移。学校借助行业优势，瞄准行业发展"新风向"，开设网络与信息安全新专业"众人科技冠名班"。随着无人机应用和产业的飞速发展,城市对无人机应用技术专业人才的需求也与日俱增,学校于2022年新设了无人机操控与维护专业,2022年9月正式招生(中国航协冠名班),成为学校专业布局中的新亮点。

学校充分发挥作为上海市经济和信息化委员会直属单位的得天独厚的行业优势,通过深度校企合作,与市经信委旗下的信息安全行业协会、上海市信息安全测评认证中心、众人科技等行业协会和专业机构、企业签订了战略合作协议,拥有"物联网"等3个高技能人才培养基地。

为积极推进产教融合、校企合作、互惠双赢的良性循环职教模式构建,学校贴近人才培养市场需求,对接行业人才规格要求,深化企业冠名班人才培养模式实践。冠名班的专业覆盖面达45.45%,有效利用校企双方优质资源,促进学生专业技能提升。现代学徒制专业覆盖率为18.88%,让校企深度融合贯穿整个培养链条。

学校借助校企合作的优势,利用企业资源,创建与生产过程对接的教学新环境,即将社会经济运行的真实环境和企业的真实岗位以虚拟仿真的形式引进学校,使校园社会化、班级企业化,大大改进了会计、金融事务、国际商务、电子商务、物流服务与管理、商务英语等商科类的专业教学,实行教学过程与生产过程的直接对接。

学校依托上海市中职校珠算文化传承教育基地和学校会计专业的优势,历时近两年设计建成占地约200平方米的"会计·珠算文化展示馆",为商科类学生的学习职业精神、培育专业文化提供了优质大课堂。

随着2022年学校与珍岛信息技术(上海)股份有限公司、财牛(上海)教育科技有限公司、晶程甲宇科技/(上海)有限公司、上海市无人机产业协会等四家新合作单位签订校企合作协议,学校现有合作企业达53家,其中3家获批市级产教融合型企业。学校与行业企业共建 7 个市级教师企业实践基地。通过校企合作年会、专业建设指导委员会等，校企共谋专业布局、共商人才培养定位、共建合作培养项目、共享育人成果，办学成效明显。

三、五所"中华牌"民办学校（培训机构）的沿革和恢复

（一）响应号召，积极办学

我国职业教育从新中国成立到十一届三中全会以前，实行的是国有资产通过教育行政部门和行政区划的行业企业来实施办学。无论是政府办的职业学校，还是国有行业企业办的中等专业学校和技工学校，办学的主体都是公有制部门，是国家所有制形式，是计划经济体制在

▼ 2021 年 6 月 18 日，上海中华职教社副主任胡卫（左三）调研上海商业会计学校。

职业教育办学体制中的体现。这种办学体制固然有其优势,但显然已经不能满足新时期社会经济发展的人才需求。

党的十一届三中全会以后,随着经济体制改革的深入,市场经济体制的逐步建立和不断完善,中共中央、国务院对我国教育体制改革,有过一系列的文件和重要指示。如 1980 年国务院批转教育部、国家劳动总局《关于中等教育结构改革的报告》、1985 年《中共中央关于教育体制改革的决定》、1991 年国务院《关于大力发展职业技术教育的决定》、1993 年国务院《中国教育改革和发展纲要》等,都从不同程度提出了职业教育"实行多层次、多种形式、大家来办的方针""鼓励社会各方面联合办学"的思路。

在改革开放的大潮中,为响应党和政府"广开学路,多方办学"的号召,中华职教社上海分社(1992 年 1 月更名为"上海中华职业教育社")筹划恢复并创办了多所民办学校,这些学校成立后,从改革开放初期到社会主义市场经济体制初步建立期间,为适应经济、社会发展的人才需求,有的接受企事业委托办班;有的与有关高校联合办学;有的积极响应"温暖工程"号召、为企业下岗工人开展再就业培训;有的为适应浦东改革开放的需要,开展大专自考助学辅导、职业培训等进修教育;有的以提高机关和企事业单位职工的政治、文化、业务素质为宗旨;还有的通过与企业合作举办形式,经上海市人民政府批准正式建校,开展城市高等职业教育。总体来说,这些学校既继承了中华职教社的办学传统,又结合现实情况有所创新,学制灵活,形式多样,形成了多门类、多规格、多层次、多形式的格局。

随着形势、政策和产业的不断变化调整,自 20 世纪末开端的 30 年间,这批上海中华职教社举办的民办学校在上海经历了由盛转衰的过程,其中不少学校也随着需求而关、停、并、转。目前,在上海中华职教社的不懈努力下，还有五所"中华牌"民办学校（培训机构）得以保留，延续和践行黄炎培职业教育思想。这些学校在改革开放初期都曾经为上海企业转型升级、下岗工人再就业培训等作出过积极贡献，但是随着时代的变迁，加上经营管理理念保守、政策法规的调整等原因，这些学校均逐渐由盛转衰，面临不少困难挑战和生存压力。

1. 上海中华职业技术学院

2003 年上海中华职教社、上海中发电气（集团）股份有限公司、上海中发教育投资有限公司创办上海中华职业技术学院，2004 年 9 月 21 日经上海市人民政府批准设立，属于民办非企业单位，开展高等职业技术教育，设有 6 个系 16 个专业，曾荣获"全国先进民办学校""上海市高校招生工作先进集体"等荣誉称号。

2007 年 6 月，由于中发电气原董事长南民意外身故等原因，学校资产的实际持有方中发教育投资有限公司被新加坡莱佛士教育集团收购，此举导致了学院法人治理体系不完善。经多次催告整改未果后，市教委于 2010 年下达了停止招生通知，2013 年 6 月学院的学生全部毕业，教职工也于同年 8 月全部清退。学校原址所在土地被奉贤区金汇镇政府回收，原校址被拆除。

自 2008 年起，上海中华职教社主任周汉民先后与历任分管副市长和市教委多任领导进行研究协商，寻求解决学校问题的办法。市领导和市教委领导均明确表示支持上海中华职教社寻找新的合作方，另寻土地恢复办学。

2013 年起停止办学后，上海中华职教社始终努力寻找新的合作办学主体，先后多次赴有关企业实地调研、磋商，推动学院复办工作，并于 2017 年底向市教委提交了上海中华职教社同致达控股集团有限公司合作办学、变更学院举办者并恢复办学的申请。可惜好事多磨，由于合作方致达集团未能落实学院办学需自有土地150亩的硬性要求，该轮学院复办工作未能取得实质性推进，上海中华职教社不得不继续寻找契机，为学校争取其他"复活"的机会。

2. 上海市中华职业进修学院

学院前身是上海中华职业补习学校。1933年1月中华职教社在上海成立第一中华职业补习学校，习惯上称"中华职业补习学校"。中华职教社先后在上海创办了7所中华职业补习学校。1980年8月，经上海市教育局批准，中华职教社上海工作组恢复了中华职业补习学校，开设中文、会计、英语等专业。到1985年学校招收学生数达3 000名学生，共有65个班级。学校曾荣获"上海市职工教育先进集体"，1985年11月14日《人民日报》发表专题文章"无愧中华牌，源源育良才"，介绍其办学成效。

1988年8月，经上海市教育局批准，中华职教社上海分社在中华职业补习学校的基础上，建立了上海市中华职业业余进修学院，后更名为上海市中华职业进修学院。学院设立初期，曾参与上海市20世纪90年代紧缺人才培训，开设中专和大专学历文凭考试班等，日语教学和委托办班在当时成为该校特色。学院1994年被市教委评为A级（优秀）学院，建院10年中共开设了2 600余个班，学生12万人次，社会声誉显著。

2001年后，为适应学院发展，上海中华职教社决定将学院迁出雁荡路80号大楼，先后在澳门路726号、真北路800号易址办学。2014年起，由于生源减少等原因，普陀区教育局认为应该停止招生，学院办学难以为继。

3. 上海中华职工中等专业学校

1984年1月，经上海市人民政府批准，中华职教社上海分社设立了上海中华职工中等专业学校。学校以提高机关和企事业单位职工的政治、文化、业务素质为办学目标，在继承中华职教社办学传统的同时开展实践创新探索，是一所业余和半业余性质、独立颁发学历文凭的成人中等专业学校。

学校原设在雁荡路 80 号社所大楼内，曾 4 次被评为上海市及卢湾区教育先进集体。多位校领导及教师分别获得过全国职工教育先进工作者、上海市及卢湾区成人教育先进教师、先进班主任等荣誉。

2001 年后，为适应学校发展，上海中华职教社决定将学校迁出雁荡路 80 号大楼，易址办学。在相当一段时期内，学校借用中华职业学校部分教学资源办学，主要针对来沪外来务工人员子女开展教学。受政策及自身办学条件的限制双重影响，经学校第三届理事会决议通过，原教学团队于 2020 年 7 月在学校学历教育学生全部毕业后解散，不再对外招生。

4. 上海市中华职业第二进修学院

1991 年 12 月，为适应浦东开发开放的需要，中华职教社上海分社借浦东新区乳山路崂山东路黄浦区第三业余学校，设立上海市中华职业第二进修学院，开展大专自考助学辅导、职业培训等进修教育。1994 年，为支持基层社组织办学，上海中华职教社将该校移交给上海浦东新区中华职教社续办。2008 年起至今，学院由上海海川剑鑫教育集团运营，目前开展高等及高等以下非学历业余教育（文化类、职技类）。

自 2010 年 9 月起至 2012 年 6 月，学院先后为贵州原铜仁地区（现铜仁市），原毕节地区（现毕节市）举办了 20 多期中、小、幼骨干教师培训班（每期 50 人左右）。学院主要生源来自贵州、云南等地区，采用半工半读教学形式，受生源、课程体系、学校场地、师资、学生数等条件的限制，学院运营始终处于维持状态，未能取得较好的突破。

5. 上海中华专修学校

1994 年初,学校由原中华职业学校校长钱巧珍筹划创办,最初的校名为上海中华职工业余中等专业学校,2010 年底获准更名为上海中华专修学校。时值中华职业教育社孙起孟理事长倡导开展"温暖工程",经学校申请,上海中华职教社同意作为学校的举办者。学校围绕党和政府的重大决策,积极参与实施由中华职业教育社倡导的"温暖工程",为下岗职工、农村富余劳动力、来沪务工工人等需要培训帮助的弱势人群服务,开展文化类、职技类中等非学历业余教育。

多年来,学校紧紧围绕"温暖工程"开展培训,接收各地选送来沪学员,组织在沪务工人员进行技能或职业资格培训,取得过一定的成效。但是同样由于种种原因,学校办学存在着法人治理体系不合理、管理脱节、业务单一等问题。2017 年底学校被告知不予换发办学许可证,亟须对学校各方面进行合规化整改。

(二) 应对困局,找寻出路

1. 以"钉钉子"精神促成学校恢复

一直以来,上海中华职教社为落实群团改革工作,依据市社"三定"案确定的"宣传国家和本市有关职业教育的方针政策,组织、引导社员积极参与科教兴国和人才强国战略的实施;关心、支持民办职业教育,搞好社办职业院校,推动本市职业教育事业健康发展"的主要职责,一直高度关注着五所社办"中华牌"学校的情况。自第五届社务委员会至今,以周汉民为主任的社机关上下连续 12 年为 5 所学校的存续、规范、发展、壮大而制定方略,奔走呼吁,以"钉钉子"的精神推进各校的实质性"涅槃重生"。周汉民主任多次就中华学院复办问题,在各种场合呼吁和争取市政府、市教委关心、支持学校复办工作，主持召开中华牌学校工作会议和赴各校调研，听取学校发展情况汇报和学校发展中的瓶颈问题，并予以一一回应和推动解决。社常务副主任胡卫多次在社机关组织事前评估，对办学意向合作方的企业实力、办学能力、办学思想以及专业设置方向进行综合考量，精挑细选合作单位。李明、马国湘、程裕东、张岚、毛丽娟、李国华等多位社副主任也多次在各种场合听取学校工作进展情况，参与调研、协商，并对学校现状和今后发展提出宝贵意见。社机关办公室抽调骨干力量，成立专项，组织专班，落实专员全程跟踪，及时汇报工作进展，汇总问题，持续为"中华牌"学校重放光彩，服务上海社会经济发展和人才培养作出了努力。

▼ 2021年12月3日，上海中华职业教育社中华学校工作会议在上海市政协会议室举行。会议由上海中华职业教育社主任周汉民主持，会议听取各校办学工作思路，并对"中华牌"学校办学工作提出整体要求和建议。

2. 以"可持续"原则回馈公益事业

2018 年 10 月上海中华职业教育社六届社务委员会换届后,"中华牌"学校的建设和发展工作重要性进一步得到了提升,重点贯彻 2019 年 1 月国务院印发的《国家职业教育改革实施方案》精神,社六届四次主任会议集体通过了关于"要求对社属五所'中华'牌学校尽快恢复、加强管理、提高质量"的决定,周汉民主任多次对五所学校的办学做出明确指示,同时为了缓解我社温暖工程基金会捐赠资金减少的困难,拓展公益资金来源渠道,在市委统战部、市教委、市民政局及各区相关部门的支持、指导和帮助下,由社常务副主任胡卫带头抓五所学校的整改工作,采取"授权运营＋公益捐赠"的模式,通过变更

▼ 2021 年 12 月 19 日,五所"中华牌"学校代表在 2021 年度中华助学金发放仪式上,向上海中华职业教育温暖工程基金会捐款。

举办者或学校管理团队的方式，引入有能力、有意向的社员单位接手学院运营，为期五年；同时鼓励、引导这些接办学校的社员单位积极履行社会责任，向社温暖工程基金会进行捐赠，这样既提高了学院的办学质量，又为社的温暖工程事业和上海中华职业教育温暖工程基金会捐赠提供了持续来源。

3. 以"大树论"理论指导办学工作

2022年9月8日下午，上海市副市长陈群、副秘书长黄永平、市教委主任王平等来市职教社调研工作时，重点听取了学校办学工作情况。座谈中，提出了职教社办学工作"大树论"的理论，即以上海中华职业教育社为大树的主干，由"中华牌"公办学校、民办学校以及非学历培训机构作为大树的枝叶，逐步将中华系学校紧密联系、相互支持，形成一个比较完整的职业教育架构，既有学历教育，也有非学历教育，以"中华"之名，将黄炎培职业教育思想与新时期新形势下的办学要求相结合，积极开展办学实践，服务中心工作和社会经济发展。

（三）全力以"复"，恢复办学

实践证明，"中华牌"学校作为近年来上海中华职教社一项重要品牌工作，在推动中华职业教育社的事业发展、探索新形势下民办职业教育发展新模式、加强公办与民办学校（培训机构）的联动发展上，已取得了积极效果。

1. 精选合作方，重组谋新篇

五年来，特别是2021年中办、国办印发了《关于推动现代职业教育高质量发展的意见》以来，在上海中华职教社的努力下，通过"一校一策"分别有针对性地采取整改措施，在中共市委统战部、教育及登记主管部门的大力支持和帮助下，五所学校中的四所——上海市中华职业进修学院、上海中华职工中等专业学校、上海市中华职业第二进修学院、上海中华专修学校先后找到了合适的运营方。

2019年7月，经社机关考察，与意向合作单位上海盛泉实业（集团）有限公司签署合作办学协议，由盛泉实业接手上海市中华职业进修学院恢复办学工作。在区委统战部、区教育局、区民政局的鼎力支持和指导下，学院于2019年12月底完成了相关部门的登记变更程序，恢复办学。主要开展线上培训，利用自行开发的培训平台——常学云平台工作为多家企业进行培训。

2019年末，经社机关考察，与意向单位上海黄浦区朝日进修学校签署合作协议，上海黄浦区朝日进修学校自2020年7月学校学历教育学生毕业后全面接管上海中华职工中等专业学校运营，主要围绕日本留学、日语培训、职业教育等几个方向开展自学考助学业务。

2020年5月，经社机关考察，与意向单位玮石（上海）信息科技有限公司签署合作协议，由该公司接手上海中华专修学校运营，学院主要业务方向是为金融行业从业人员提供相关培训、考证等服务。

2022年11月，经报社领导同意，以市职教社与上海剑鑫服饰有限公司签署合作运营"上海市中华职业第二进修学院"协议书为标志，标志着五所社办"中华牌"学校全部通过签订合作办学协议的形式基本实现了"积极引导、明确责任、统一管理、服务社会"的整改目标。通过对五所院校的整改，加强了市职教社作为举办者对学校的思想政治引领、优质资源对接、办学过程监管，以及社会服务导向。

2. 十年图一剑，复学见曙光

值得一书的是，自2013年起已停止运行的上海中华职业技术学院，在周汉民主任10余年持之以恒、坚持不懈的推动和努力下，复学工作取得了重大突破——2021年6月28日，由市教委牵头，市政府、市民政局、上海中华职教社相关负责同志参加的市政府专题会专题审议并原则通过了学院复学工作路线，相关市领导出席会议并表示全力支持学校复学。在多股合力的共同努力下，目前学院复学的最大堵点办学土地问题正在抓紧落实。

经上海中华职教社主任会议充分讨论和研判，考虑到复校工作时间的紧迫性和当前正是高等职业教育发展的大好时机，为抓住机遇，尽快实现学院复校，周汉民主任多次召集召开了学院复校工作推进会，根据市政府专题会议相关意见，在同原举办者中发电气集团股份有限公司、上海中发教育投资有限公司确认退出意向后，采取果断措施，及时寻找新的合作对象，并于2020年8月30日向市教委提交了学院整改方案和恢复办学申请。目前已取得了市教委换发的（整改期）办学许可证，正在向市民政申请民非登记证有效期延续。力争通过为期三年的各项整改工作，把这所得到过党和国家领导人关心、支持和寄予厚望的高职院校恢复好，取得招生资格和实现实质性教学、科研等办学活动，为上海乃至全国职业技能人才培养贡献力量。

3. 形成一体化，构建大格局

为了适应产业结构的转型升级需要，上海市加快构建"纵向贯通，横向融通"职业教育体系。为培养高质量的高技能人才，几年来中华职业学校、上海商业会计学校和沪上许多中职学校一样，都与相关高职院校"强强联合"，合作开设了一批中高贯通、中本贯通的专业，实行了"纵向贯通"的人才培养模式，打通了中职和本科的"任督二脉"。就读贯通专业，学生既能掌握社会亟须技能，又能获得更高层次的学历，这不仅是中职学校办学新的生长点，也为学生出路提供了更广的立足点和成才路径。

目前，上海中华职教社已基本形成"1+4+3""中华牌"学校大格局架构即 1 所民办高职（上海中华职业技术学院）、4 所民办非学历培训机构（上海市中华职业进修学院、上海中华专修学校、上海市中华职业第二进修学院、上海中华职工中等专业学校）、3 所与中华职教社有着渊源关系的公办学校（中华职业学校、上海音乐学院附属黄浦比乐中学、上海商业会计学校），具备了从中等到高等职业教育＋职业培训一体化办学，公办＋民办联动发展的纵向贯通、横向融通的功能体系。并且，办学工作所采用的"授权运营＋公益捐赠"模式还直接为上海中华职业教育温暖工程基金会引流，从而拓展了全新的公益资金筹措渠道，解决了基金会募集资金难的问题。截至 2022 年底，已通过中华牌学校办学项目，累计筹措到公益捐赠款人民币 453 万元，所有募得款项全部用于资助本市困难学生和开展温暖工程项目，为市职教社的另一品牌项目"中华助学金"能够持续开展提供了坚强的资金来源保障，形成了"1+1 ＞ 2"的效应。

四、"中华牌"学校办学工作的探索和思考

随着实际办学工作的不断深入开展，上海中华职教社也深刻认识到，国家在越来越重视职业人才队伍培养，强调职业教育改革发展的同时，也越来越规范教育培训市场的运行。近两年出台的各类政策，尤其是 2022 年 4 月新修订的《中华人民共和国职业教育法》从法律层面明确了中华职业教育社的办学职责，使得办学工作的重要性和必要性得到了进一步提升。但对于民办培训机构而言，市场整顿过程中出台的各类法律法规都对办学主体的资质、管理、遴选进一步进行了规范和约束，在整改阵痛期及今后各项办学业务开展中，都需要密切关注政府导向，及时调整业务范围，紧贴社会发展需要。

《中华人民共和国职业教育法》，在法条总则中申明"职业教育是与普通教育具有同等重要地位的教育类型"。职业教育作为类型教育的特征和自身效能，正在各行各业快速发展进程中逐步凸显，成为我国经济社会发展的重要保障力量。因此类型教育将成为职业教育改革的重要突破点。上海中华职教社在今后的学校管理和发展的总体思路上，重点将在五个方面进行探索。

一是加强学校管理的制度化建设。进一步加强"中华牌"学校管理的制度建设，完善并修订《"中华牌"学校建设及加强管理方案》，建立长效机制，进行常态化管理。

二是注重日常监督防范办学风险。定期组织开展五所"中华牌"学校联席会议，对于目前各学校管理方加强考核和督促，对于办学效

▼ 2022 年 6 月 8 日，周汉民主任（中）、胡卫常务副主任（右）线上调研五所"中华牌"学校复工复产复学工作。

果明显不佳的团队及时予以调整和清退。

三是重点推进高职学院复学工作。持续推进上海中华职业技术学院的复学工作，协调落实各方及时完成学校购地、校园建设、师资团队组建等，争取尽早完成整改。

四是尽快完成基金会章程的修订。加快上海中华职业教育温暖工程基金会章程的修改和业务范围调整，吸取民办教育目前主流做法与先进经验，在新修订的《中华人民共和国职业教育法》《中华人民共和国民办教育促进法》等法律法规的框架内，使基金会尽快能承担起相关学校的举办者、投资主体的角色，为上海中华职教社今后办学工作拓展新思路和探索新方法。

五是找准定位促进学校转型升级。按照《关于深化现代职业教育体系建设改革的意见》提出的"面向新业态、新职业、新岗位，广泛开展技术技能培训，服务全民终身学习和技能型社会建设"的要求，对接上海"四大品牌""五个中心"建设需求，聚焦上海"2+3+6+4+5"现代化产业体系，顺应"云大物智移"（云计算、大数据、物联网、移动互联网、人工智能）新产业、新技术、新业态、新模式发展，拓宽办学领域，将职业教育和终身教育紧密结合，找准专业设置与产业发展衔接点，打造特色鲜明的职成类培训课程，逐步实现学校的转型升级。

浦江恒流，岁月如歌。百年中华职业教育社，其命维新，生生不息。上海是中华职教社的发祥地，"中华牌"学校多为中华职教老字号，与中华职教社有着水乳交融的关系和深浅不一的渊源。职教先贤们在这块热土上筚路蓝缕、辛劳栽培的职业教育院校，正如一棵棵根深枝繁的大树，虽然栉风沐雨，历经沧桑，只要用心浇灌，依然可以叶绿花艳，瓜瓞绵绵。在职业教育国家发展战略中，"中华牌"学校扬帆起航再出发，正恰逢其时，恰逢其地，未来可期。

第六章　实施温暖工程，"中华助学金"托举求学梦

　　温暖工程是中华职业教育社积极围绕中心、服务大局，发挥自身"统战性、教育性、民间性"优势，为协助党和政府解决城乡富余劳动力安置就业问题面向全国实施的公益项目。作为一项得人心、稳人心、暖人心的民心工程，二十八年来，温暖工程始终秉持"为国分忧，为民效力；急人所急，雪中送炭；灯亮一盏，光洒成片；不厌其小，务求其实；矢志不渝，做好做大"的宗旨，着力推进教育脱贫，开展就业服务，组织公益慈善活动等，已成为统战系统为社会服务的三大品牌项目之一，为促进经济发展、扩大城乡就业、维护社会稳定作出了重要贡献。上海中华职教社在中华职教社和中共上海市委、市委统战部的领导和支持下，团结带领社的各级组织和广大社员，率先在上海启动实施温暖工程公益项目，开展了多种形式的温暖工程帮扶项目，并不断提高温暖工程服务水平，拓宽温暖工程服务范围，扩大温暖工程服务成效，通过不断探索新的帮扶形式，着力培育精品项目，进一步增强温暖工程的普惠面，扩大温暖工程的社会影响力。

一、实施温暖工程的背景和意义

（一）实施温暖工程的时代背景

1. 响应号召，发起温暖工程

1995年，为响应关于我国城乡有大批剩余劳动力需要安置就业，希望各民主党派和党外人士协助党和政府研究解决这方面问题的号召，全国人大常委会副委员长、中华职业教育社理事长的孙起孟同志立足职教社一直致力于研究、推行职业教育，开展职业指导的自身条件，提出并倡导实施温暖工程公益项目。

自此，温暖工程坚持把共享发展、增进人民福祉作为目标追求，把推动民生改善、服务社会事业作为着力方向，把发展职业教育、促进就业创业作为重要任务，扎实做好贫困地区职业技能培训工作，为迫切需要就业的弱势群体创造就业条件，探索出协助党和政府解决困难群众就业和再就业问题的新途径，为促进经济发展、增进社会和谐、实现共同富裕作出了积极贡献。

2. 深化定位，积极发挥作用

温暖工程实施近30年，自始至终凝聚着党和政府各级领导的亲切关怀、用心指导和殷殷期待，体现了国家实施脱贫攻坚战略、全面建成小康社会的信心和决心。

2005年，在温暖工程实施十周年之际，中央政治局委员、国务院总理温家宝同志作出重要批示，充分肯定了温暖工程10年来开展的工作和取得的成效，对未来温暖工程事业发展提出了殷切的期盼，也为中华职业教育社在实施温暖工程中更好地推进各部门合作提供了有力保障。

2010 年，中华职业教育社温暖工程实施十五周年座谈会在北京举行。中共中央政治局委员、国务院副总理回良玉，全国政协副主席、中央统战部部长杜青林，全国政协副主席、中华职业教育社理事长张榕明出席会议并讲话。温暖工程已成为统一战线服务经济社会发展的一个品牌工程、亮点工程。希望通过实施温暖工程，让救助得到升华，善举得到尊重，爱心得到传播，社会更加和谐和温馨。

2015 年 8 月，全国人大常委会副委员长、中华职业教育社理事长陈昌智将职教社实施温暖工程 20 年成果汇报材料呈报给李克强总理，李克强总理作出重要批示。同年 12 月，中华职业教育社温暖工程实施二十周年总结大会上，中共中央政治局委员、中央统战部部长孙春兰作了重要讲话，充分肯定了温暖工程，认为温暖工程是一项惠及百姓、功在千秋的民心工程，是统一战线围绕中心、服务大局的重要品牌，是发挥党的群团组织优势、爱国统一战线优势、社会主义制度优势的生动体现，并希望温暖工程进一步明确定位，把握方向，勠力同心，再谋新篇。

（二）实施温暖工程的重要意义

1. 秉承职教先贤的爱国主义精神

爱国主义是职教先贤矢志不渝的初心。106 年前，为救中华民族于危亡，求中国之国富民强，黄炎培等 48 位爱国仁人志士，以"教育救国""实业救国"为目标，发起成立了中华职业教育社。黄炎培先生明白地宣告："职教社就创立在利国富民的一念上，吾们唯一的信仰就是爱国、报国。"由此，爱国报国、爱民为民成为了中华职业教育社在各个历史时期都毫不动摇的思想行动主线。

改革开放以来，中华职业教育社在中国共产党的领导下积极投身社会主义建设事业，不断凝聚思想共识、健全组织机制、夯实工作基础，以新思路、新方法在推动职业教育发展、扶持民族经济发展中彰显新作为。温暖工程作为其中一项重点工作，聚焦"扶贫""扶智"两步棋，真抓实干出成效，为国家打赢脱贫攻坚战、全面建成小康社会作出了积极贡献，是围绕中心、服务社会、造福民生的有力举措，也是职教先贤爱国主义精神在历史新阶段的继承和发扬。

2. 践行黄炎培先生大职业教育观

"大职业教育观"是黄炎培先生从实践中总结的宝贵经验，他指出："只从职业学校做功夫，不能发达职业教育；只从教育界做功夫，不能发达职业教育；只从农工商职业界做功夫，不能发达职业教育。"其深刻内涵，就是办职业教育不能只局限于教育界，更应联络社会各界，参加全社会的活动。中华职业教育社以"大职业教育观"为遵循，在早年的办学实践和政治活动中，将教育与职业、生产、社会、政治等紧密结合，形成了深厚的思想底蕴，书写了华彩的历史篇章。

温暖工程在实施过程中，秉承为国分忧、为民造福理念，将发展职业教育与党和国家发展大局相融合，与人民和社会的殷切期盼相结合，广泛联络各级政府、部门、企业、院校等寻求支持与帮助，扎实开展职业技能培训、实施职教扶贫计划，有力地促进了东西部职业院校合作与交流，推动了贫困地区教育资源的建设，提升了职业教育在全社会的认知度和影响力，这正是对"大职业教育观"的生动实践和创新发展。

3. 赓续重视农村教育的优良传统

早在 1921 年，黄炎培先生就认识到了乡村教育的重要性，提出"全国人口中，十之八九属于乡村也"，"学校十之八九当属于乡村，其所设施十之八九，当属于乡村生活之教育"。为改变教育分布不合理及农村生产力落后的状态，中华职业教育社开始了农村改进运动，以"富教合一"为指导思想，通过在农村兴办职业教育，提高农民的素质和能力，引导带动农民主动脱贫致富，最终改变农村落后的社会生产风貌，促进国家和社会的和谐稳定发展。

温暖工程继承和发扬了黄炎培先生重视农村教育事业和经济发展的优良传统，开展了"百县百万农民培训计划"等亮点工程，通过各类农业或非农业职业技能培训，改变了农民工的精神风貌，提升其就业竞争力和劳动脱贫的信心。同时，以"造血式"扶贫，为社会主义新农村建设培养了大量实用型人才，对推动农村经济发展、产业调整和文明建设发挥了积极作用。

（三）服务经济社会发展的亮点工程

1. 聚焦"三农"问题，实施"百县百万农民培训计划"

"双百计划"在 2005 年正式启动，以"为每个县培训 1 万名农民"为出发点和落脚点，在欠发达农村地区长期、广泛地开展农民工及城乡富余劳动力培训工作，帮助参训人员提高技术素养，顺利转移到非农领域就业或就地创业，以促进农村产业结构调整，助力农民增收脱贫。

2. 配合统一战线部署，开展毕节试验区职教培训项目

为贯彻落实党中央对毕节试验区建设工作的重要批示，配合统一战线战略部署，2010 年起实施"同心·智力支持工程"项目。通过东部发达省市的优质职业院校与毕节职业院校结对联合办学，加强了东西部职业院校合作与交流，提升了毕节试验区职业教育水平，加快了高素质和技能型人才的开发与培养。

3. 着眼边疆民族地区，开展国家通用语言培训项目

为了拓展农牧民工就业渠道，战略性推动新疆西藏等边疆民族地区实现跨越式发展和长治久安，中华职业教育社针对少数民族农民工开展了语言培训和职业技能培训，助力打破制约转移就业的"双障碍"。通过开发使用《国家通用语言培训教材》，帮助学员快速掌握通用语言，迅速融入现代社会，有效提高自身素质。项目增强了少数民族务工人员对国家和民族的认同感，为促进边疆民族地区经济社会发展、维护和谐稳定大局产生了积极影响。

4. 配合国家集中连片特困地区发展战略，实施教育移民项目

为贯彻落实《中国农村扶贫开发纲要（2011—2020 年）》把连片特困地区作为新时期扶贫开发主战场的工作要求，在武陵山区、大别山区、六盘山等国家级集中连片特困地区及革命老区开展教育移民项目，通过选择一批优质职业学校作为项目实施学校，接纳贫困学生接受职业教育，毕业后全部推荐就业，帮助寒门学子掌握技能、走出大山，帮助贫困家庭坚定信心、加快脱贫，最终激发连片特困地区走向共同富裕的热情。

二、上海中华职业教育社实施温暖工程的情况回顾

1995 年以来，上海中华职业教育社在中共上海市委统战部的领导下，在中华职业教育社的指导下，坚持围绕中心、服务大局，积极搭建平台，整合资源，开拓创新，打造品牌，不断提高温暖工程服务水平，拓宽服务范围，在服务大局、改善民生、促进就业、教育扶贫、加强民族团结等方面积极作为，开展了多种形式的温暖工程帮扶项目，使百万余弱势群体受益。

（一）搭建平台、健全机制，推动温暖工程常态化

1. 成立温暖工程上海培训中心和促进委员会

1995 年，建立了温暖工程上海培训中心作为实验基地。随后，又成立了上海温暖工程促进委员会，加强与各有关部门的联络协调。在温暖工程促进委员会的推动下，依托培训中心，动员社会力量，以特殊群体和弱势人群为重点，开展职业教育和培训，职业指导和介绍，由浅入深，由小到大，由点带面，逐步将温暖工程工作在全市铺开，并先后在全市建立了 36 个温暖工程培训基地。

2. 成立上海中华职业教育温暖工程基金会

2007 年，为探索开展温暖工程的长效机制，使温暖工程作为一项公益事业实现常态化、规范化、规模化发展，在中共上海市委统战部的领导与支持下，成立了上海中华职业教育温暖工程基金会。

基金会通过向社会各界募集资金，积极同其他公益组织合作，夯实了温暖工程公益资金，拓展了温暖工程公益项目。十年来，基金会累计收到捐款 612.05 万元，累计资助各类公益项目 541.85 万元。

（二）围绕中心、服务大局，拓宽温暖工程惠及面

1. 落实民生保障，协助做好就业和再就业工作

为解决本市农村富余劳动力、失业待业人员和外来务工人员等群体的就业就学，上海中华职教社坚持以授人以"渔"为行动指南，依托基层组织和温暖工程基地，开展各种形式的职业教育和职业培训、职业指导和职业介绍，以切实之举协助党和政府做好就业和再就业工作。

上海中华职教社加强同财政局、人社局、民政局、残联、妇联、工会等政府部门联络，并与职业院校、培训机构、相关企业等进行合

作，面向本市农民、城镇失业待业人员、外来务工子女、残疾人和刑满释放人员等群体开展专业培训，同时参与总社"百县百万农民培训计划"，培训方向涉及园艺、美容美发、烹饪、财会、计算机、汽修、电焊、机械等实用技能培训，物业管理、物流管理、超市管理、仓库管理、母婴护理、老年护理、家政服务、餐厅服务等专业岗位培训，大棚蔬菜、瓜果栽培、林业养护、农业园区等农业技术培训。

2. 开展国际合作，促进流动青少年教育成长

随着上海外来流动人口的日益增加，围绕市委市政府着力解决流动儿童和流动青少年成长教育等重大民生工程，上海中华职教社于

▼ 2010 年 8 月 17 日，上海市政协副主席、上海中华职教社主任周汉民（右）出席流动青少年职业教育国际合作项目会议，与英国救助儿童会项目首席代表詹伟德（左）商榷合作项目。

2010年9月，通过上海中华职业教育温暖工程基金会与英国国际救助儿童会合作，共同开展了"成功之技——上海流动青少年职业教育国际合作项目"。

中华职业学校、上海市西南工程学校、上海市大众工业学校、上海市奉贤中等专业学校、上海浦东新区海川职业技能培训学校、上海市群益职业技术学校、上海石化工业学校、上海市振华外经职业技术学校和上海市经济管理学校参与了"成功之技"项目。项目培训对象主要是中职、高职校内外流动青少年、职业学校教师和学校管理人员及企业和社会组织工作人员，旨在从学生自身、学校教师和社会支持网络进行全面的探索，对学生进行生活和职业软技能培训，对老师进行教学方法培训和对现有课程进行改进等系列活动，促进现有的课程体系更加接近市场需求，同时依托包括企业和社会组织在内的社会支

▼ 2011年3月4日，"成功之技"上海流动青少年职业教育国际合作项目第一期培训在上海市大众工业学校拉开帷幕。

持网络，给校内外流动青少年提供更多实习机会，以此为试点探索出促进流动青少年职业技能的新模式。

除了关注流动青少年的职业教育外，上海中华职教社也一直心系农民工随迁子女的教育和成长，2011 年 6 月，在嘉定区委政府的支持下，依托上海中华职业教育温暖工程基金会与英国国际救助儿童会的再次合作，开展了"乐童成长计划——嘉定区民办农民工子女学校教育与健康国际合作项目"。

项目围绕提高教学质量、建立儿童友好的学习成长环境目标，开展保健老师和班主任培训、校长管理培训及家长培训，为每所学校免费安装洗手液挤出机，完善卫生室配备，提供健康检查和检测，提升

▼ "乐童成长计划——嘉定区民办农民工子女学校教育与健康国际合作项目"洗手日活动走进校园。洗手折页教会同学们如何正确洗手。

了民办农民工子女学校办学质量，使外来务工子女能够接受良好的基础教育与学校健康服务。

2013年6月，"成功之技——上海流动青少年职业教育国际合作项目"和"乐童成长计划——嘉定区民办农民工子女学校教育与健康国际合作项目"圆满结束。合作项目使全市9所中等职业学校近7 000名校内外流动青少年和14所民办农民工子女小学的380名班主任教师、25名保健老师、3 000名学生家长、15 600名农民工子女直接受益。

3. 服务西部扶贫，开展温暖助学助教活动

2007年以来，上海中华职教社积极响应党中央、国务院关于大力加强西部开发，推进教育扶贫的战略思想，紧扣"一点两线三面"项目定位，先后开展了全国首期护理骨干培训班、大众工业学校成人中专班等，面向内蒙古、贵州、重庆等西部地区、欠发达地区农村及老少边穷地区的公益性兴学助教活动。先后为安徽、贵州等中西部贫困地区援建希望小学、红军小学、民族小学等各类温暖工程学校10所；资助贵州地区学校电脑、投影仪、图书、校服等设施设备，给予师资队伍建设和课程建设等支持，并促成两地职业院校的对口合作关系。

4. 响应统战号召，落实"同心·智力支持工程"

2010年2月3日，全国政协副主席、中华职业教育社理事长张榕明在上海视察时提出，希望上海中华职教社温暖工程向西部推进的同时，加强与民主党派的合作，共同在毕节试验区开展"同心工程"。上海中华职教社与民建上海市委多次协商、周密部署，倾力打造统一战线"同心"品牌，齐心协力为毕节地区解决社会发展及民生问题。

一是以"改变一人命运、增加一户收入、影响一个村寨"为目标，组织中华职业学校、上海市大众工业学校、上海市西南工程学校3所团体社员学校参与，与毕节信息工程学校、赫章县平山职业中学、金

沙县第二职业中学签订联合办学协议。通过"1+1+1"的办学模式，按照"三免一资助"（免学费、免书费、免住宿费和困难学员资助）政策，帮助毕节地区初中毕业生进入上海职业学校学习，探索出发达地区与欠发达地区联合办学的新模式。之后，上海中华职教社又组织上海市振华外经职业学校、上海市临港科技学校、上海市现代流通学校、上海经济管理学校和上海电子工业学校参与"同心·智力支持工程"。

二是以上海市中华职业第二进修学院等学校为基地，在沪举办毕节地区骨干教师培训班、研修班，有效帮助了校长、教师提升教育管理理念和教育教学技能。

▼ 2011年6月30日，同心温暖工程贵州毕节地区职业技能首期培训班在中华职业学校开班，共41名学员接受西式烹饪、酒店服务与管理、计算机应用近两个月培训并被推荐在上海就业。

（三）开拓创新、打造品牌，提高温暖工程影响力

1. 设立"中华助学金"，圆贫困学子求学梦

青年是国家的未来和希望。2013年，上海中华职教社依托温暖工程基金会，设立"中华助学金"，资助在上海职业院校就读的来自新

疆、西藏、贵州（毕节、遵义）、云南等少数民族地区和本市的贫困学生。十年来，"中华助学金"在受助学生、受助学校中产生了积极影响，让少数民族学生体会到民族团结、民族互助的温暖，让受助学生坚定了"手脑并用、双手万能"的信念，增强了战胜困境、改变命运的自信和力量，受到社会普遍欢迎，成为上海中华职教社温暖工程的品牌项目。

◀ 2017 年 12 月 9 日，第五批"中华助学金"发放仪式在上海科学会堂举行，500名职校生得到资助。图为为来自青海果洛地区的受助学生代表颁发助学金。

◀ 2020 年 11 月 28 日，在第八批"中华助学金"发放仪式上，来自西藏及对口支援地区的学生代表上台领取助学金。

2. 创设"智慧众筹"，开公益讲堂送温暖

为进一步创新温暖工程筹资渠道，吸引更多的爱心人士加入公益事业，关注职业教育，2015年9月，由上海中华职业教育社中青年工作委员会发起，全社参与，启动实施智慧众筹项目。作为弘扬和践行温暖工程理念的一次新的探索和实践，该项目融合了市场上广泛使用的众筹理念，将智慧传播、人才培训与爱心公益相结合，利用职教社的人才资源和平台资源，向社员筹集公益培训课时，由第三方进行课程接收，所筹集的公益课时讲课费统一捐赠给温暖工程基金会，用以支持温暖工程项目。上海中华职教社主任周汉民作为智慧众筹项目的全力支持者、参与者、志愿者，捐出第一筹，鼓励和号召了更多关心职业教育和公益事业的爱心人士慷慨解囊。截至目前，"智慧众筹"项目已登记公益讲师46位，开设课程94门，项目捐款41.99万元。

表6.1　"智慧众筹"项目课程一览表

课程内容	讲课人	课程内容	讲课人
《"一带一路"倡议及其意义》	周汉民	《思考，最多72小时》	张琳琳
《中华职业教育社历史与发展》	李　明	《培养品格儿童的三个秘密》《六A亲子家庭教育》	涂怡名
《团队认同共赢发展》《沟通技巧纵横至术》《目标时间压力管理》《企业能力与执行》《人际风格客户关系》	解　仑	《手语基础知识及沟通技巧》《蒙特梭利语文/感知教育理论与操作》	阮祎频
《妇女组织与妇女工作》《性别角色与女性成长》	黎　荣	《选才的智慧》《策略招聘》《简历甄选与面试技巧》《酬谈判与背景调查》《职业规划，影响一生》《防止猎头恶意挖角》《幸福来敲门》	费晓虹

（续表）

课程内容	讲课人	课程内容	讲课人
《领导力与领导艺术》	房剑森	《新三板、科创板、战略新兴板》 《公司法》 《合同法》	孙永亮
《长三角城市合作迎来发展新契机》 《区域协调发展和主体功能区规划》	胡雅龙	《互联网金融与农村发展》 《互联网教育与社会发展》	王　怡
《信息化与创新政府服务管理模式》 《信息化创新应用特点与推进策略》 《提升电子政务项目建设成效——分析 IT 项目管理的三大架构体系》 《信息社会中的主要发展规律以及对生活的影响》 《最新的个人所得税政策解读和注意事项》	蒋力群	《儒西释道：青年职业素养智慧》 《儒西释道：齐家智慧》 《儒西释道：育儿智慧》	晏　峰
《三才思维》 《五行思维》	李雪峰	《双赢沟通〈同理心〉》 《基于战略发展的人才培养体系建立》 《基于战略落地的组织能力建设》 《卓越领导力心理基因解码与发展》 《非人力资源经理的人力资源管理》	李中亚
《职场精英能力素质修炼》	蔡淳华	《教育、教学方法改革》 《信息科技与市场经济》 《经济战略与企业发展策略》 《走出去与引进来风险分析》	陈　湘
《大型集团公司转型升级思路》 《传统产业＋互联网落地密码》 《集团公司全球市场布局之经验》	黄裕辉	《杂谈——修行，瑜伽，中医，养生》	蔡　炯
《互联网时代的客户关系管理》 《移动互联网营销实战兵法》 《互联网时代传统企业转型升级》 《大数据之于组织的魅力》	孙　红	《人力资源与资本运作》	何志聪
《职场形象与礼仪》	姜建耀	《营养、免疫与健康》 《从营养免疫学的角度如何看待现代疾病》	于晓菊
《企业竞争战略制定与实施》 《企业品牌培育与管理》 《社会组织的公益化经营和企业化管理》	范林根	《职场精神与员工成长——打造超一流职场执行力》 《中华五千年职场智慧（精华篇）》	梁恕林

（续表）

课程内容	讲课人	课程内容	讲课人
《移动互联网时代的科技创新态势》	李 万	《股票实战套利课程》 《股票操盘手系统化课程》 《股指期货操盘手实战课程》 《黄金外汇操盘手课程》	张恒溢
《3D 打印与中国制造》	周伟民	《禅茶一味》	慧莲法师
《创业企业招用人方式及误区》	王健立	《理解和运营商业模式》	王云飞
《如何打造高绩效销售团队》	文 军	《城市如何助力农村发展》	陶修军
《人力资源管理》 《职业规划发展》 《管理技能》	林 鹤	《创新思维的工具与方法》	屠永伟
《开放资源，收获双赢》	孙学勤	《云南边疆扶贫支边》	丁 伟 江 峰 崔孝盈
《体育舞蹈标准舞的传承》	周吉天	《员工关怀心理课堂之亲子教育》 《员工关怀心理课堂之职场解压》	翁琰钦
《赢在职场的演讲力》 《领导力修炼与变革管理》 《管理者的角色认知》 《多元思维创新》 《内训师培训：呈现与控场》	章春明	《打造领导力》	余晓菊
《阅读是女性最美好的奢侈品》	李筱懿	《8 人小班初级书画课程》	姚恩滇

三、品牌项目："中华助学金"的十年助学路

（一）定位职业院校学生，每年制定项目方案

1. 项目主要目标

2013 年设立的"中华助学金"，旨在秉承和发扬温暖工程"为国分忧，为民效力，急人所急，雪中送炭，灯亮一盏，光洒成片，不厌其小，务求其实"的精神，帮助和鼓励职业院校的困难学生克服学习和生活中的困难，增强自信，专心学习，努力成为对国家和社会有用

的技能型人才。

2. 项目具体做法

每年开展一批"中华助学金"助学活动，具体内容如下：

（1）助学对象：上海中华职教社团体社员职业学校的全日制本地学生和在沪少数民族及对口帮扶地区学生。

（2）助学金标准和规模：资助每名助学对象 2 000 元，助学规模为 250 名，总金额 50 万元。

（3）具体名额分配：上海地区若干名，新疆、西藏、贵州、云南、四川、青海、重庆、湖北、甘肃等少数民族及对口帮扶地区若干名。

（4）申报和审批办法：学生在个人申请的基础上，由学生所在学校推荐，经区社审核后上报，审定组对助学对象进行逐个审定。

（5）助学金发放方式：助学金直接发放给受助学生本人（除特殊情况外，原则上直接转账至学生本人银行卡）。

（6）时间安排：11月上旬，个人申请、经学校推荐后上报各区社审核；11月中旬，各区社完成审核工作，填写申请汇总表，并上报审定组。11月下旬，审定组完成审定工作。12月中下旬，举行年度"中华助学金"发放仪式。

（二）助力对口帮扶工作，持续提升社会效益

1. 项目开展情况

2013—2022 年，共开展十批助学活动，累计资助困难学生 2 495 人次，累计资助金额 497 万元。受助学生为上海中华职教社团体社员职业学校的全日制本地学生及在沪少数民族地区及对口帮扶地区学生。少数民族地区及对口帮扶地区包括：新疆、西藏、贵州、宁夏、云南、四川、青海、重庆、湖北、甘肃等省市自治区。

表 6.2　2013—2022 年度"中华助学金"发放情况汇总表

年度	受助学生（人）	发放金额（万元）
2013	125	25
2014	160	32
2015	200	40
2016	250	50
2017	500	100
2018	260	50
2019	250	50
2020	250	50
2021	250	50
2022	250	50
合计	**2 495**	**497**

2. 项目反馈情况

十年来，"中华助学金"项目汇聚力量、帮困疏难、传递温暖，受到了受助学生、受助学校的广泛好评，解放日报、新民晚报、联合时报、上海教育电视台、澎湃直播等多家主流媒体都进行过报道，"中华助学金"项目的影响力持续扩大。

每年的助学金发放仪式上，会邀请受助学校代表、受助学生代表、捐赠代表上台发言，给人留下深刻印象的是受助学生代表的发言。例如，上海市行政管理学校扎西达娃同学作为受助学生代表在 2016 年度"中华助学金"发放仪式的发言："我倍加珍惜在上海学习的时光，用更出色的成绩，更全面的发展，更大的抱负和追求去实现自己的理想和价值。同时，我也会感恩在我成长道路上帮助我的各位好心人，各位老师、社区的叔叔、阿姨，学校的汉族哥哥姐姐们，把助学精神和爱心之光传递下去，回报社会。"再如，上海市商贸旅游学校姚月曲同学在第十批"中华助学金"发放仪式上代表往届受助学生所说："我永远不会忘记在我最困难的时候，是国家、是学校、是上海中华职业教育社和温暖工程基金会给予了我帮助，是长辈、是老师、是同学给予了我力量，让我对未来充满期待，充满信心。希望学弟学妹们也能克服困难，把握机遇，好好学习，锻炼技能，创造属于自己的美好未来！"

这些感言和评价不仅是对"中华助学金"项目的充分肯定，更是项目持续做实、做强、做优的最大推动力。

◀ 2016 年 12 月 24 日，第四批"中华助学金"受助学生代表在发放仪式上发言。

◀ 2022 年 12 月 10 日，"中华助学金"十周年之际，往届受助的学生代表受邀参加发放仪式并作交流发言。

（三）总结项目三大特点，积极探索优化措施

1. 项目成效分析

"中华助学金"项目在完成每年既定目标的同时，不断总结经验、完善做法，经过多年的工作开展，呈现出覆盖范围扩大、受助群体集聚、扶贫作用显现的明显特点。

一是覆盖范围扩大。"中华助学金"项目助学对象来自上海中华职教社团体社员职业学校，涉及初级职业学校、中等职业学校（职业高中）和高等职业学校（普通高校）、普通中学等。2013—2022年，受助学校的覆盖面逐步扩大。

以2022年为例，250名受助学生来自61所学校，涉及中等职业学校45所、高等职业学校8所，占全市中高职院校（中职69所、高职21所）的比例为58.89%。

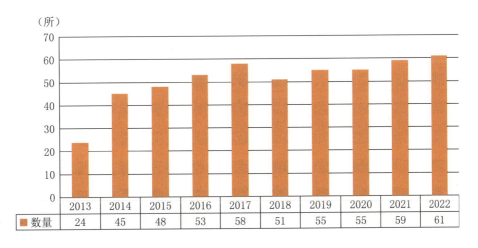

图6.1　2013—2022年"中华助学金"项目覆盖学校数量情况

表 6.3 2022 年度"中华助学金"项目受助学校、学生情况

序号	申报单位	受助学校	学校类型	受助学生人数
1		上海市群星职业技术学校	中职	2
2		上海市新陆职业技术学校	中职	3
3		上海南汇中学		3
4		沪东中华造船集团高级技工学校	中职	3
5		上海海事大学附属职业技术学校	中职	3
6		上海第二工业大学附属振华外经职业技术学校	中职	3
7	浦东社（36）	上海市第二轻工业学校	中职	3
8		上海市医药学校	中职	2
9		上海市川沙中学		3
10		上海市环境学校	中职	2
11		上海市航空服务学校	中职	2
12		上海市浦东外事服务学校	中职	3
13		上海港湾学校	中职	1
14		上海市临港科技学校	中职	3
15		上海市商贸旅游学校	中职	3
16	黄浦社（11）	上海商业会计学校	中职	3
17		中华职业学校	中职	5
18		上海行健职业学院	高职	7
19	静安社（15）	上海市北职业高级中学	中职	3
20		上海市商业学校	中职	2
21		上海市新知进修学院		3
22		上海市城市建设工程学校（上海市园林学校）	中职	3
23		上海市工商外国语学校	中职	2
24		上海市信息管理学校	中职	5
25	徐汇社（22）	上海市机械工业学校	中职	2
26		上海健康医学院附属卫生学校	中职	3
27		上海市材料工程学校	中职	4
28		上海工业技术学校	中职	3

（续表）

序号	申报单位	受助学校	学校类型	受助学生人数
29	长宁社（9）	上海市现代职业技术学校	中职	9
30		上海市贸易学校	中职	3
31		上海信息技术学校	中职	3
32	普陀社（13）	上海商学院高等技术学院		2
33		上海市普陀区甘霖初级职业技术学校		2
34		上海市曹杨职业技术学校	中职	3
35	虹口社（8）	上海市南湖职业学校	中职	8
36		上海市杨浦区风帆初级职业学校		6
37	杨浦社（19）	上海市杨浦职业技术学校	中职	6
38		上海出版印刷高等专科学校	高职	7
39		上海市宝山职业技术学校	中职	8
40		上海交通学校	中职	2
41	宝山社（30）	上海济光职业技术学院	高职	8
42		上海市现代流通学校	中职	2
43		上海震旦职业学院	高职	10
44	闵行社（10）	上海市群益职业技术学校	中职	6
45		上海市西南工程学校	中职	4
46		上海市珠峰中学		8
47	嘉定社（18）	上海市行政管理学校	中职	3
48		上海市大众工业学校	中职	4
49		上海工商职业技术学院	高职	3
50		上海食品科技学校	中职	4
51	金山社（12）	上海中侨职业技术大学	高职	4
52		上海石化工业学校	中职	4
53		上海市城市科技学校	中职	7
54	松江社（15）	上海市松江区新桥职业技术学校	中职	3
55		上海农林职业技术学院	高职	5
56	青浦社（9）	上海市青浦区职业学校	中职	4
57		上海工商信息学校	中职	5

（续表）

序号	申报单位	受助学校	学校类型	受助学生人数
58	奉贤社（12）	上海市奉贤中等专业学校	中职	7
59		上海电子信息职业技术学院	高职	5
60	崇明社（9）	上海市工程技术管理学校	中职	9
61	市社（2）	上海市中华职业第二进修学院		2
合计				250

　　二是受助群体集聚。"中华助学金"项目的受助群体为学生，且主要为本市职业学校的全日制学生，包括本地学生和在沪少数民族地区及对口帮扶地区学生。受助对象范围相对固定、定位较明确、人员集聚比较明显，且比例结构相对固定。

表6.4　2013—2022年度"中华助学金"项目受助学生情况

年　度	受助学生（人）			本地：少数民族及对口帮扶地区
	本　地	少数民族及对口帮扶地区	小　计	
2013	70	55	125	1.3：1
2014	115	45	160	2.6：1
2015	130	70	200	1.9：1
2016	155	95	250	1.6：1
2017	308	192	500	1.6：1
2018	141	119	260	1.2：1
2019	141	109	250	1.3：1
2020	146	104	250	1.4：1
2021	139	111	250	1.3：1
2022	144	106	250	1.4：1
合计	1 489	1 006	2 495	1.5：1

　　三是扶贫作用显现。"中华助学金"项目作为上海中华职教社温暖工程的重要品牌项目，始终紧扣党中央提出的"坚决打赢脱贫攻坚

战""坚持精准扶贫、精准脱贫""把扶贫同扶志、扶智相结合，深入实施东西部扶贫协作"的路线方针，将少数民族及对口帮扶地区受助学生的范围从首批的新疆、西藏、贵州毕节地区拓展至第十批的新疆、西藏、贵州、云南、四川、重庆、青海、湖北、甘肃等地区，为全面打赢脱贫攻坚战，实现第一个百年奋斗目标贡献了积极力量。

表6.5　2013—2022年少数民族及对口帮扶地区受助学生分布情况

年度	受助学生人数										
	新疆	西藏	贵州	宁夏	青海	云南	四川	重庆	湖北	甘肃	小计
2013	30	10	15								55
2014	20	10	15								45
2015	20	10	40								70
2016	26	10	34	20	5						95
2017	41	18	51	25	19	18	13	6		1	192
2018	26	10	16	30	9	25	3				119
2019	25	10	12	20	8	19	13			2	109
2020	22	10	21		4	27	15	2	3		104
2021	20	12	14		10	35	11	5	4		111
2022	27	10	14		5	27	16	2	5		106
合计	257	110	232	95	60	151	71	15	12	3	1 006

2. 项目总结改进

十年坚守如一日，十年弹指一挥间。"中华助学金"的十年，是开展纾困助学、扶贫扶志的十年，也是凝聚社会爱心、传递温暖的十年，更是坚持项目理念、服务大局的十年。我们将总结宝贵经验，探索优化项目内容，更好地发挥项目作用。

第一，争取各方支持，形成工作合力。一是争取党委政府部门的支持，使"中华助学金"项目能够把握好方向，一步一个脚印，行得远、走得稳；二是争取爱心人士的支持，积极筹集善款，夯实"中华助学金"项目的资金来源；三是争取社会力量的支持，加强基层组织、相关职业院校等的参与和协助，汇聚力量，扎实开展好项目各项工作。

第二，加强前期排摸，持续扩大范围。"中华助学金"项目覆盖学校逐年增加，但占本市全部职业学校（中职＋高职）的比例不高，仍需进一步拓宽上海中华职教社团体社员职业学校的范围，同时，切实做好前期学生来源的摸底分析，科学、合理分配受助名额。

第三，严审发放流程，确保公平公正。"中华助学金"的申报审批应严格执行学生个人申报、学校推荐、区社审核、审定组审定的流程。并且做到层层把关：一是学生个人信息真实完整，身份证和银行卡信息与申请表一致；二是申请学生应符合申报条件和范围，申请表中应有学生签名、学校盖章、区社盖章；三是助学金直接转账或现金发放给学生本人，无中间环节；四是定期回访，收集相关反馈意见建议，及时调整完善。

党的二十大描绘了以中国式现代化全面推进中华民族伟大复兴的宏伟蓝图，在新的历史起点上，面对新任务、新要求，我们要深入领会党的二十大精神，贯彻落实温暖工程理念，结合上海实际，努力开创温暖工程的新局面。今后，上海中华职教社将围绕中心、服务大局，持续做好"中华助学金"这一品牌项目，并将其打造为上海统一战线民生实事项目，更好地为服务社会事业发挥作用。

第七章　组织院校长研修班，助力中西部扶贫振兴

党的十八大以来，党中央把脱贫攻坚摆在治国理政的突出位置，把脱贫攻坚作为全面建成小康社会的底线任务，组织开展了声势浩大的脱贫攻坚战。2015 年 10 月，习近平总书记在减贫与发展高层论坛上首次提出"五个一批"的脱贫措施，"发展教育脱贫一批"位列其中。2016 年，在国务院印发的《"十三五"脱贫攻坚规划》中又强调，要大力开展职业培训，完善技能培训制度，提高培训精准度。这一时期，职业教育扶贫行动遵循"依靠教育脱贫"理念，通过精准培训，提升就业能力，阻断贫困代际传递。八年来，党和人民披荆斩棘、栉风沐雨，发扬"钉钉子"精神，敢于啃硬骨头，攻克了一个又一个贫中之贫、坚中之坚，脱贫攻坚取得了重大历史性成就。参与国家扶贫开发，是统一战线围绕中心、服务大局的重要内容。上海中华职教社作为统一战线群团组织，立足自身"统战性、教育性、民间性"优势，主动服务国家精准扶贫战略，把发展作为解决贫困的根本途径，将"扶志、扶智、扶技"作为激发脱贫内生动力的重要着力点，瞄准教育

扶贫、就业脱贫，培育职教扶贫项目。自 2016 年起，着力打造了以中西部地区职业院校长培训为抓手，重点对接上海结对帮扶相关省、市、自治区，旨在通过组织相关职业院校负责人和业务骨干来沪开展研修，提升中西部职业院校职业教育水平和学院管理能力的院校长研修班平台，为服务国家脱贫攻坚战略，推进东西部扶贫协作和对口支援工作贡献了积极力量，取得了积极成效，收获了广泛好评。

一、立足职教扶贫，坚持教育先行

（一）脱贫攻坚，要借力教育"精准扶贫"

2013 年，"精准扶贫"理念落地促使扶贫项目精准聚焦于依靠教育脱贫一批，政策上更加强调贫困人口的内生动力提升。在此背景下，2015 年上海中华职业教育社启动与贵州省中华职业教育社的合作，根据教育部等六部门印发的《教育脱贫攻坚"十三五"规划》文件精神，以当地贫困地区职业学校的"当家人"——院校长为切入点，把对这些对象的能力提升、视野拓展、理念更新作为研修重点，推动实现贫困地区职业教育提质增效，进而促成贫困地区职校学生提升个人谋生能力、改善家庭生活条件的"精准扶贫"目的。

2016 年和 2019 年，上海中华职教社又将职业院校长研修班的培训范围拓展到宁夏、云南两省（自治区），利用上海作为改革开放前沿城市和国际化大都市的天然优势，将本市先进职教经验和全球前沿资讯以研修的形式传授给来沪研修的院校长，以期这些院校长回到各自所领导的职业院校后能将研修成果转化为提升学校办学质量、教学水平和优化专业设置的实际管理能力，通过提高当地职业教育的办学质量，更好地发挥职业教育提升贫困人口内生动力、阻断贫困代际传递作用，助力西部地区职教扶贫工作。值得一提的是，由上海中华职教社撰写的《关于成功举办首期贵州职业院校院（校）长研修班的情况报告》经市委统战部专报中央统战部办公厅和上海市委办公厅，时任市委统战部副部长虞丽娟同志专门批示："此班举办是智力支援贵州（毕节）的重要内容。"可以说，上海中华职教社打造和举办院校长研修班的有为之举，为推动上海对口支援地区，推动东西部职业教育交流协作和当地职业教育提质增效，职业教育精准化扶贫体系加速形成，助力我国脱贫攻坚战略于 2020 年底实现扫除绝对贫困等方面做出了积极贡献。

（二）职教扶贫，要发挥校长"头雁效应"

职业院校长研修班以中职院校校长为学员主体。职校校长的领导力不仅关系到学生与学校的发展，也直接决定了学校的办学水准和社会地位，还关系到职业教育改革与发展的成败。拓宽职业教育院校，特别是中职学校校长的视野以及院校长们这一群体的理论水平和业务素养，发挥校长领导力和个人的效能能产生显著的溢出效应，从而渗透到学校发展的方方面面，如学校内涵建设、教师专业发展、学校制度建设、校园文化建设等，将在职校学生个人成才、职业教育水平提高、国家技能人才队伍培养、加速我国从制造大国向制造强国迈进等方面发挥积极影响。

2015 年 1 月，教育部出台了《中等职业学校校长专业标准》。文件指出，要想把工作做扎实，中等职业学校校级干部需要具备的素养是多方面的，但最为关键的是六种行为能力：规划学校发展、营造育人文化、领导课程教学、引领教师成长、优化内部管理、调适外部环境。目前，在我国，相对于高职教育而言，中职教育发挥着普及高中阶段教育和建设中国特色现代职业教育体系的重要基础性作用，中职校长作为中等职业学校的领导者，不同于其他组织的领导者，其肩负着职业教育者和职业教育领导者的双重责任与义务，提升中职校长的领导力，建设具有高素质、具有较强领导力的中职校长队伍是提高职业教育质量、增强职业教育吸引力的关键。

为助力推动中共中央、国务院脱贫攻坚战略和上海市委市政府"民生为本、教育为先、产业为重、人才为要"的方针，落实"精准扶贫，教育先行"的要求，牢固树立"两个大局"思想，以更大的担当、更高的要求，更加扎实地做好"结对支援，帮困扶贫"工作，同时，紧盯这一群体，抓住"关键少数"，激发"头雁效应"，发挥上海职业教育的特色辐射作用，成为上海中华职教社举办院校长研修班这一平台的初衷和工作方向。

二、顺应时代需要，助力脱贫攻坚

（一）发挥职教先发优势，搭建交流合作平台

上海是中国共产党的诞生地，也是近现代职业教育的发源地。位于雁荡路 80 号的上海中华职业教育社社所大楼，作为中华职业教育社旧址，入选上海首批革命文物名录。这幢楼已静静伫立近百个春秋，见证了百年峥嵘岁月和中国共产党百年激荡的红色历程，也见证了一代代职教人为寻找职教救国之路的上下求索和为实现中华民族伟大复兴中国梦的勠力奋斗。

上海中华职教社自 2014 年 5 月 23 日第五届社务委员会成立以来，在社主任周汉民同志的领导下，始终秉承黄炎培等老一辈职教先贤提出的"使无业者有业，使有业者乐业"的宗旨，关注国家重点战略，

围绕中心、服务大局，着力推动省际职业教育交流发展，推动合作、促进交流，并以此为工作指导，推动各项工作的开展。为此，带着"如何发挥好上海的先发优势，通过交流互动，与西部欠发达地区，特别是上海对口支援地区，加强职业教育工作者的交流协作，相互促进，从而提高这些地区职业教育水平、办学质量"的思考，充分发挥上海中华职教社实施"温暖工程"开展"职教扶贫"的作用，积极推进上海—贵州中华职教社的交流合作，实现优势互补，合作共赢。2015年，上海市政协副主席、上海中华职教社主任周汉民为团长，上海市中华职教社专职副主任李明为副团长的上海中华职教社代表团一行10人赴贵州省考察交流，并与贵州中华职业教育社签订了《上海中华职业教

▼ 2015年10月9日，上海市政协副主席、上海中华职教社主任周汉民（前排右）与贵州省政协副主席、贵州省中华职教社主任蔡志君（前排左）分别代表所在中华职教社在合作意向书上签字。

育社、贵州省中华职业教育社合作意向书》，开启了上海中华职教社与兄弟省社以三年为一期的合作交流。

此次上海中华职教社代表团赴贵州考察交流活动，受到中共贵州省委统战部、贵州省中华职教社，毕节市委市政府、遵义市委统战部的高度重视和热忱欢迎。贵州卫视对上海—贵州省中华职教社签订合作意向书作了专题报道，央视网予以转播；中共中央统战部官网、贵州省委统战部官网、贵州省民革门户网、贵州省民建门户网、贵州省九三学社门户网、贵州省农工党门户网、贵州省侨联门户网、毕节市政府官网、毕节试验区网等网络媒体及《毕节日报》等报刊对上海代表团考察交流活动作了报道。

《上海中华职业教育社、贵州省中华职业教育社合作意向书》达成了双方在拓展对外开放、推进"校校合作"、实施人才培养、推动"职教扶贫"、开展职业培训等五个方面的合作意向。作为其中的一项重要合作内容，上海中华职教社与贵州省中华职教社将合作在沪举办职业院校（院）校长研修班，组织贵州省职业院校领导或骨干教师来沪研修。自此，职业院校长研修班拉开了上海中华职教社对口支援中西部地区，开展结对帮扶和智力扶贫的序幕。

自 2016 年起举办首期职业院校长研修班后，又先后与宁夏、云南省级中华职业教育社签约，会同当地省（自治区）教育厅、人社厅共同参与办班，连续五年邀请中西部地区职业院校院校长及骨干教师来沪研习，帮助三地职教社与职业院校校长们，特别是贫困地区的校长学习、了解以上海为代表的沿海城市职业教育的发展理念和实践经验，开阔其视野，提升其能力。

表7.1 历届院校长研修班学员中来自贫困地区及上海对口帮扶地区情况

学员 人数	其中来自贫困地区		其中来自上海对口帮扶地区	
	人数	占比	人数	占比
348 人	168 人	48.28%	155 人	44.54%

（二）精心组织安排研修，确保培训提质增效

上海中华职教社主任周汉民每年将办好院校长研修班作为一项围绕中心、服务大局的重要举措，上海中华职教社机关更是把研修班作为年度的一项重要工作来抓，精心谋划、周密安排、反复协商、及时沟通，努力落实每个环节、每个细节的工作，确保了研修班的圆满顺利。主要做法如下：

1. 研修形式

（1）专家报告（专题讲座）

（2）现场教学（本市高端制造业企业、科研院所等）

（3）院校长沙龙（上海及参训省区代表）

（4）国际职业教育交流（澳大利亚、芬兰、日本）

2. 研修内容

（1）国家重点战略的解读（如"一带一路"建设等）

（2）职业教育政策解读及贯彻落实、人力资源建设与就业促进的实践探索

（3）上海职业教育改革发展经验介绍、中华职业教育社历史介绍

（4）学校建设、管理方面课程

（5）其他

3. 保障措施

（1）经费保障

上海中华职教社将院校长研修班作为每年一项重点工作，落实经

费预算，五年来共计实际支出费用 901 703.87 元。

表 7.2　历年院校长研修班经费支出及研修方式情况

期　数	实际支出（元）	人数（人）	研修方式
第一期	160 284.60	50	线下＋现场教学
第二期	196 167.00	67	线下＋现场教学
第三期	264 696.27	80	线下＋现场教学
第四期	258 913.14	74	线下＋现场教学
第五期	21 642.86	77	受疫情影响，全部线上

（2）人员保障

上海中华职教社联合上海市社会主义学院，为每个班配备两位机关干部和两位班主任全程跟班，依托上海市社会主义学院后勤服务体系在学员参训过程中提供保障。其他职教社机关同志根据培训安排配合参与各项活动。

来沪参训的省市区教育、人社部门会同职教社一起为参训学员提供组织保障，科学合理安排学员研修期间工作任务安排，全力支持学员脱产研修。

（3）其他保障

包括：邀请上海市教委和上海市人社局领导及相关处室负责同志为学员授课；上海市社会主义学院每年保障预留研修班档期；尊重民族习俗，专门为少数民族学员落实用餐（清真食品）等事项。通过做好各项保障工作，真正使研修班做到研修高标准、严要求、细服务、广赞誉。

（三）精耕细作树立口碑，脱贫攻坚形成合力

五年的研修班，主要特点可以概括为以下三点：

1. 精准定位，确立培训目标

研究、宣传、推行和服务职业教育是中华职业教育社的主业，是这一组织教育性的要求。同时，发挥自身的优势，服务党和政府"结对支援，帮困扶贫"工作也是职教社组织应尽的责任和义务。近年来，为贯彻落实习近平总书记"扶贫先扶志，扶贫必扶智"思想，进一步落实中央"精准扶贫，教育先行"要求，更加扎实地做好"结对支援，帮困扶贫"工作，上海中华职教社积极找准自身定位，通过举办职业院校长研修班，推动上海与中西部地区开展职业教育领域交流协作，落实统一战线和总社对口支援和精准扶贫工作。研修班确立了"提高一名校长，办好一所学校，培育一方学生，脱贫一个地区"的办班思路，搭建起一个全新的协作交流平台，为助力党和国家打好帮困脱贫攻坚战创造条件、夯实基础，受到了结对帮扶省份党委、政府多部门和学校、学员的好评。上海中华职教社与贵州、宁夏、云南省级职教社间的结对合作，也加深了省级职教社组织间的协作交流。通过合作协议明确各方责任和工作目标，结合不同省份的特点和需求，打造了沪黔、沪宁、沪滇等上海与上海结对帮扶省市、自治区合作举办针对职业院校长办学和管理能力提升的院校长研修班这一全新协作模式，使学员"见其所未见，闻其所未闻，想其所未想"，各地学员来沪后通过潜心研修，互相交流，收获了良好效果。参训学员普遍认为，通过一周的研修和学习，拓宽了视野、学习了经验、提升了能力，未来在职业教育的路上将走得更加坚实、更加自信。

2. 把握特点，突出研修特色

注重突出"校长研修交流""前沿技术观摩""服务国家战略"的特点，设置了"国家宏观经济发展、现代职业教育发展与展望、现代人力资源建设与促进就业、国际职业教育交流、省际职业院校建设经验

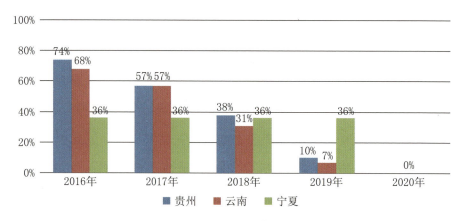

图 7.1   院校长研修班对口省份的历年贫困县占比情况

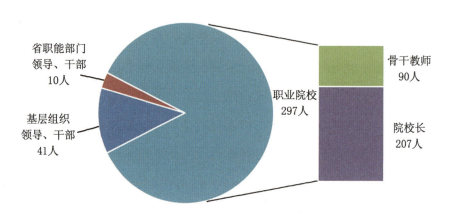

图 7.2   院校长研修班学员构成分布情况

"交流"等课程,聚焦国家宏观经济发展与国家战略、现代职业教育发展与展望、现代人力资源建设与促进就业、国际职业教育交流等主题,根据学员特点和需要,精心准备专题报告。

培训期间还组织校长沙龙,组织澳大利亚、芬兰、日本等国专家与学员开展职业教育交流,参观洋山深水港、江南造船厂、通用汽车制造厂、上海出版印刷高等专科学校、黄炎培故居等沪上企业、高校、人文场所开展现场教学,量身定制研修课程和采取多元的培训形式,

表 7.3　院校长研修班的研修课程安排情况

课程类目	主　题	具体内容
专题报告	经济发展	《一带一路：从倡议到共识》 《上海自贸区 2.0：创新驱动　拓展升级》 《中国制造 2025 战略与颠覆性创新》 《共享经济下的人力资源生态链融合与创新》 《学习贯彻十九大精神、深化一流学科建设、实现学校内涵式发展》 《众志成城抗疫情　中国经济从头越》 《抗疫背景下大国关系的演进》
	职教理论	《上海职业教育现状与展望》 《新时代中国特色职业教育发展思考》 《产教融合——百年"大职业教育主义"的新时代诠释与发展思考》 《领导力的提升与开发》 《教师，教材，教法》
	职教案例	《上海职业教育发展与高水平职业院校建设》 《加快发展现代职业教育体系·模式·课程》 《上海市职业培训和高技能人才队伍建设的政策措施和下一步目标举措》 《上海申办第 46 届世界技能大赛历程与人力资源建设的思考》 《新形势下的就业促进工作》
现场教学	职业院校	上海出版印刷高等专科学校、江南船厂和职业技术学校、上海工程技术管理学校
	产业园区	江南造船（集团）有限公司、江南造船集团职业技术学校、天坤国际集团上海总部、中国商用飞机有限责任公司上海大飞机组装基地、洋山深水港、上海光源、上海通用汽车制造基地
	教育基地	中共一大会址、黄炎培故居"内史第"、职教社社史大楼与展厅、浦东展览馆及城运中心
对外交流	办学交流	澳大利亚技术与继续教育学院、澳大利亚驻华大使馆、澳大利亚职业评估局、日本长野平青学园、芬兰教育联合会

增强了研修班的针对性和有效性。

通过专题报告、现场教学、经验交流、课题研讨、国外经验介绍等多种形式，在开阔视野、丰富见识、学习经验、提升理念、提高办学能力方面为校长们提供了借鉴和帮助，同时搭建了沪黔宁职业院校之间特别是校领导之间交流合作的平台，建立了与澳大利亚、芬兰职

▲ 2018 年，贵州、宁夏职业院校长研修班学员参观洋山深水岗自动化集装箱码头。

业教育联盟联系交流的纽带。校长们一致反映，研修班使大家在对国家职业教育宏观战略的理解中和上海职业教育改革实践经验中获得了启迪和感悟。特别是对陈昌智副委员长的重要讲话、周汉民教授《"一带一路"专题报告》《众志成城抗疫情 中国经济从头越》等专题报告感受深刻，激发起大家强烈的使命意识和责任担当。大家对上海市教委领导、上海市人社局领导、上海市教科院专家及人力资源行业企业家的专题报告以及现场教学都给予了很高的评价，从中深刻感受到上海改革开放，创新发展，"五个中心"和国际化大都市建设取得的成果，普遍反映参加研修感悟良多，很有收获，不虚此行。

3. 尽心聚力，发挥资源优势

研修班的成功举办，得到了中华职业教育社、上海、贵州、宁夏、云南等省市统战部、人社、教委、合作交流办等政府部门及上海市相关单位的大力支持和帮助，是各级领导高度重视，各有关方面通力合作，具体承办同志共同努力的结果，是各方积极协调配合，统筹合力的成果。

因受疫情影响，2020 年云南省、贵州省遵义市职业院校长研修班改为线上授课，但上海市政府合作交流办副主任、党组副书记潘晓岗同志依旧到开班式现场出席仪式并在讲话中指出，"上海中华职教社多年来积极响应市委市政府号召，发挥自身优势参与对口帮扶，与对口地区共同举办职业院（校）长研修班多期，提升当地职校教学管理水平，培养实用型紧缺人才，增强当地'自我造血'功能，有效助推了脱贫攻坚，也是上海在教育帮扶上的又一创举，将一如既往、全力支

▼ 2020 年 9 月 24 日，上海市政协副主席、上海市社会主义学院院长、上海中华职教社主任周汉民，上海市政府合作交流办副主任、党组副书记潘晓岗，上海市社会主义学院副院长陆琦出席 2020 年云南省、贵州省遵义市职业院校长研修班开班式（线上）。

持沪滇、沪遵职业教育领域的各项合作与交流"。

中华职业教育社、市委统战部、贵州省、宁夏自治区、云南省等省（自治区）委统战部和党委统战部高度重视研修班的举办。中华职业教育社陈昌智理事长，方乃纯总干事等专程看望研修班学员并合影；上海市政协副主席、上海中华职教社主任周汉民审定研修班课程的设置等各项工作，每年出席开班式，为院校长作开班动员并讲授开门第一课；上海市委统战部分管副部长、上海市政府合作交流办主任、副主任，贵州省委统战部机关党委书记、宁夏职教社副主任、云南职教社专职副主任等领导分别出席不同班次并在开班式上讲话；上海市教委副主任、上海市人社局副局长、上海市教科院职教研究所所长等领导和专家高度重视和支持研修班工作，并且为研修班学员授课。市社

▼ 2017 年贵州、宁夏职业院校长研修班学员参观黄炎培故居。

会主义学院、洋山深水港、江南造船厂、通用汽车制造厂、上海出版印刷高等专科学校、黄炎培故居和澳大利亚驻沪总领事馆、芬兰驻沪总领事馆等单位为研修班的举办及现场教学给予了大力支持。

上海中华职教社在周汉民主任的领导下，将习近平总书记"扶贫先扶志，治贫先治愚"指示，转化为以"精准扶贫，教育先行"为指导思想，每年一期举办职业院校院（校）长研修班，搭建了上海与贵州、宁夏、云南等省市职业教育结对支援和交流合作的平台。2017 年 5 月，在举办庆祝中华职业教育社成立 100 周年系列活动之际，上海中华职教社同步举办了 2017 年贵州、宁夏职业院校院（校）长研修班，来自贵州省遵义市、毕节市和黔西南布依族苗族自治州、黔东南苗族侗族自治州等全省 6 市 3 州及宁夏回族自治区银川、吴忠、固原、中卫 4 市共 54 所职业院校的 64 位院（校）长或书记等校领导参加了研修，其中包括国家级贫困县的 20 所职业院校、少数民族地区的 11 所职业院校，以及 18 位少数民族校长。全国人大常委会副委员长、中华职业教育社理事长陈昌智同志专程赴上海市社会主义学院看望了研修班学员并合影留念，学员们深受鼓舞，倍感振奋。

表 7.4　院校长研修班学员政治面貌及民族分布情况

学员人数	非中共党员		少数民族	
	人数	占比	人数	占比
348 人	84 人	24.14%	125	35.92%

五年来，学员们一致反映通过研修班"学习了先进、开阔了眼界、增长了见识，学有所获，不虚此行"。贵州工业职业技术学院党委副书记杨丽芳高度评价研修班"安排周到，课程精彩，务实管用，深受启迪，受益匪浅"。宁夏固原县农业学校校长黄永存认为研修班使自己

▲ 2019 年，邀请芬兰教育集群中国负责人钱玉婷为学员作"芬兰职业教育现状与展望"交流报告。

"了解了先进的教育理念，见识了先进的科学技术，感受了上海的经济繁荣，尤其是还安排了国际职业教育交流的课程，对帮助自己提高站位，拓宽视野，超前谋划，办好职业教育，服务当地经济发展具有重要意义"。在对 77 名研修学员进行的研修班满意度调查中，反馈结果为"非常满意"的占到了总人数的 90.90%。上海教育电视台、联合时报等媒体也对研修班的实施情况进行了多维度的报道。

三、发挥地区优势，推进协同发展

（一）加强区域交流合作，实现地区优势互补

上海位处长三角入海口，地理位置优越，有着得天独厚的优势，

也有着巨大的人才需求，特别是现代服务业从业人员的需求。近年来，上海职业教育着眼专业建设与经济社会发展的协调匹配，主动对接上海经济社会发展的产业地图，增强职业教育对城市建设的支持力和贡献度，打造与上海城市地位相适应的高质量职业教育。特别聚焦在重点产业和社会民生事业的亟须领域，引导学校加强区域有需求、行业有地位、国内有影响的专业（群）建设。加紧布局人工智能、生物医药、集成电路、航空航天、汽车制造、船舶制造等战略性新兴产业与先进制造业，以及家政、养老、护理、学前教育、酒店管理等民生事业领域和现代服务业领域的相关重点产业和社会民生专业。这些领域和专业的人才需求正好可以与中西部地区大量的人力资源优势相匹配，通过职业教育培养大量合格和卓越的技术技能型人才和现代服务业人才，既能满足上海这座国际化大都市的人才需求，也能促进中西部地区就业问题的解决，实现改善民生的目标。

（二）分享办学先进成果，落实职教改革要求

2021年底，中办、国办印发《关于深化现代职业教育体系建设改革的意见》（以下简称《意见》），进一步深化职业教育体系建设改革。《意见》提出，要推动中高职贯通衔接培养。随着当前我国中职毕业生升学比例大幅提高，中职招生培养采取贯通衔接模式不仅有利于提高中职吸引力，推动中职培养定位转变，也有助于提高技能人才培养质量。上海中华职教社将继续通过省际间职教社交流合作，发挥上海优势，将上海在推动中高职贯通衔接培养，支持优质中等职业学校与高等职业学校联合开展五年一贯制办学，推进中等职业教育与职业本科教育衔接培养的经验做法，通过院校长研修班这一平台进行深入的交流和分享，帮助西部地区职业院校长提升综合能力素养，拓展前瞻视

野，从而能更好地落实深化现代职业教育体系建设改革的意见精神，推动中西部地区职业院校综合办学能力的提升，建立健全适应社会主义市场经济和社会发展需要、符合技术技能人才成长规律的职业教育制度体系，畅通职业院校学生升学通路，为全面建设社会主义现代化国家提供有力的人才和技能支撑，造福一方人民，促进共同富裕。

历经五年的探索和实践，职业院校长研修班取得了良好效果，受到了中华职业教育社和贵州、宁夏、云南相关部门的充分肯定和广泛好评。实践证明，这是上海中华职教社充分发挥统一战线优势，服务国家战略、服务职业教育、服务经济发展、服务"教育扶贫"、服务乡村振兴的有效举措。今后，上海中华职教社还将继续加大投入，发挥合力，形成品牌。以研修班为纽带，进一步加强与上海市教委、上海市人社局、上海市政府合作交流办、上海相关高校和上海市教科院等单位的合作，建立以西部地区职业院校长为特定对象的培养机制和课程设置，建强职业教育"带头人"队伍。目标是把职业院校长研修班打造成为统一战线及上海市"对口帮扶""智力扶贫""乡村振兴"的固定项目和品牌工作，争取纳入上海对口支援工作的总体规划，努力探索形成一条可复制、可推广的智力扶贫途径，帮助更多西部地区提高职业教育软实力，夯实西部区域乡村振兴的坚实基础。

第八章　举办研习营，激发港澳台青年爱国志

习近平总书记等党和国家领导人曾多次指出，我们在青少年身上寄托着两岸关系的未来。要多想办法，多创造条件，多来往、多交流，让青年朋友们感悟到两岸关系和平发展的潮流，感悟到中华民族伟大复兴的趋势，能够担当起开拓两岸关系前景、实现中华民族伟大复兴的重任。中共中央和各级政府高度重视和关心港澳台青年一代，引导其成为坚定的爱国力量，共同致力于两岸和平统一、港澳繁荣稳定，指明了港澳台青年统战工作的努力方向。

有鉴于此，近十年来，上海中华职业教育社作为具有统战性、教育性、民间性的群团组织，充分利用地域优势，找准定位，勇于担当，在促进与港澳台交流和联系团结港澳台同胞，特别是团结港澳台青年一代方面积极作为，取得了良好成效。先后派团出访港澳台，与台湾海峡两岸教育交流促进协会、香港职业训练局、澳门基金会等建立起长期的合作伙伴关系，通过搭建职业教育专业交流、项目合作、学生交往的平台，以期增进港澳台青年师生学子对祖国大陆的了解，加强

对中华文化的感知，增加教育同仁间的交流与认同，进一步加深四地在职业教育领域的深度合作。

一、历史背景厚度与时代使命意义

（一）寻历史脉络：对外交流的流金岁月

开埠以来的上海，历来是得风气之先的东方第一大都市，始终徜徉着中外思想文化的交汇之流，中外交流在中华职业教育社有深厚的历史渊源。中华职业教育社自 1917 年建社起，就站在这潮流的前列，利用职业教育平台，注重与同行进行往来互鉴活动，多次派员赴国外调查考察，大量翻译国外最新的职业教育理论文章、著作和实践经验报道，邀请国际知名职业教育专家作报告、演讲，注意学习和吸取世界各国职业教育的他山之石，同时扩大中华职教社在国际社会上的影响。

中华职教社创始人之一的黄炎培先生，就是中国职业教育的倡导者和实践者，为中国职业教育事业的发展付出了毕生的心血，贡献了卓越的才能与智慧。先生曾发出了"教育与生活不分离，唯在沟通教育与职业；教育与生产不分离，亦在教育与职业相联系"的肺腑之言，与蔡元培、梁启超、张謇等 48 位先贤为职业教育鼓与呼，更将职业教育问题与国计民生大问题联系起来，跳出教育看教育，厘清了职业教育与社会、政治、经济和科学的关系，并在不懈奋斗征程中提出了"大职业教育观"。在对职业教育寄予厚望的同时，也深知兴办职业教育的艰巨性——"职业教育只有在民族解放、民权平等、民生幸福的社会里，才能实现他的造福人群的理想。"

中华职教社发起人为寻找改革当时中国教育之良方，从 1914 年起，黄炎培先后赴美国（参访考察美国 25 个城市 52 所各级各类学校）、日本、菲律宾等地考察职业教育情况，赴南洋群岛英、荷属地（今东南亚），调查华侨教育状况，在充分调研的基础上，积极发表调查报告；中华职业学校首任校长（学校主任）顾树森于1922年赴英国、德国、法国、意大利等国考察职业教育；在1929年，世界教育会议电请中华职教社派员出席在日内瓦举行第三届世界教育会议，公推中华职教社发起人张伯苓、上海职业指导所主任刘湛恩为代表赴会并调查欧美的职业教育。在积极外出实践考察的同时，中华职教社也注重引进当时先进职教理念。1919年，中华职教社与上海留法勤工俭学会在中华职业学校合办留法勤工俭学预备科，开启了中国向西方学习的新形式，撰写了中国近代教育史的新篇章，从中走出了曾任中共中央总书记的张闻天。1920年，美国教育家杜威应中华职教社邀请多次在中华职教社、中华职业学校讲演《职业教育之精义》《职业教育与劳动问题》，职教社创始人中的黄炎培、张伯苓等一批学者也深受其思想启发。

此外，中华职教社编译出版了大量西方职业教育理论著作，在宣传、推广职业教育的探索中，于1917年创办了《职业与教育》杂志。该刊一方面在致力于宣传普及职业教育的理论分析、介绍研究的基础上，在1922年决定编辑发行英文《中国职业教育》季刊和英文《职业教育年报》，向世界传递当时中国对于职业教育的声音；另一方面从1926年第71期起，新增与职业教育有关的社会、民生、经济问题，介绍国外职业教育动态文章有685篇，约占总数的22%，涉及41个国家，18个门类。当时的《职业与教育》成为了介绍发达国家职业教育理论与经验的前卫阵地，热心职教之士探讨中国特色职业教育理论的一方乐园，构建近代中国职业教育体系的一个宝库。

随着中华职教社从一个最初主张"教育救国"的职业教育团体，逐渐发展成为中国共产党领导的抗日民族统一战线和爱国统一战线的重要力量,这一致力于改革传统教育、推动职业教育发展,不断学习西方先进,追求民主进步的爱国社团开始加强与港澳台及海外的交流交往。

新中国成立后,特别是随着改革开放的进程、"一国两制"政策的提出,以及中华职教社具有"统战性、教育性、民间性"特性的确立,上海中华职教社与港澳台地区有关单位和人士的交流往来不断加强。

与台湾交流方面:在众多旅台的中华职业学校校友的积极推动下,在上海中华职教社主任周汉民以及历任主任的高度重视下,上海中华职教社从 1992 年开始即与台湾的职业教育团体和职业学校开展交流;自 1995 年开始接待台湾教育界人士到上海访问考察,自 2000 年起开始组团开展赴台湾交流,并自此与台湾职业院校基本保持每年都有交流互动。2013 年,周汉民主任率团访台,与台湾商教学会签署了"深化两岸交流合作备忘录",商定举办海峡两岸职业教育论坛、两岸职业技能竞赛和职业院校师生研习营等合作项目。在双方的积极推动和精心筹备下,首届研习营于 2016 年 8 月在上海成功举办。

与港澳交流方面:1998 年应香港科技学院(柴湾)院长邀请,首次以上海中华职教社名义组团赴港考察交流。2016 年 2 月 21 日至 26 日,应香港职业训练局、澳门城市大学的邀请,上海中华职教社主任周汉民率团开展了 22 场多种形式的交流座谈活动,对港澳经济社会发展和职业教育状况进行了深入的了解,并在香港专业教育学院黄克兢分校、澳门城市大学举行了"一带一路"专题报告,对掌握港澳学子在推进国家"一带一路"倡议中把握机遇、谋求发展的现实情况与未来可行性进行了充分阐述与评估。此外,代表团还促成了上海中华职教社与澳门基金会正式建立了合作关系,并就相互感兴趣的沪澳学生交流、"中华杯"技能竞赛、沪港澳台职业教育论坛等事项深入交换了意见。同年 5 月，香港职业训练局副执行干事祁志纯、香港专业教育学院（黄克兢分校）院长余国柱等一行对上海中华职教社进行回访，先后赴上海市西南工程学校、上海市振华外经职业技术学校、沪江网、蚂蚁张江创客空间、京东物流亚洲一号调研考察，并就香港职业训练局选派选手参与由上海中华职教社主办的第四届"中华杯"职业技能竞赛沪港台邀请赛达成共识。

（二）显时代精神：呼应时代的使命担当

中华职业教育社是党和政府推进统一战线和职业教育工作的重要力量，是我国现代职业教育的开拓者、巩固和发展统一战线的重要组织、开展社会服务的重要力量。

党的十八大以来，以习近平同志为核心的党中央对群团改革和职业教育发展作出了重要部署，为中华职业教育社提供了广阔发展空间，提出了新的更高要求。在中华职业教育社成立 100 周年之际，习近平总书记专门发来贺信，充分肯定了中华职业教育社的历史贡献，为中华职业教育社的发展指明了方向，充分体现了中共中央对发展我国职业教育的高度重视，体现了对中华职业教育社的亲切关怀。2022 年颁布新修订的《中华人民共和国职业教育法》，明确赋予了中华职教社在我国职业教育改革发展中的义务和职责，这既是党和国家对中华职教社的重视和期盼，也为中华职教社围绕中心、服务大局、深化改革、奋发有为提出了更高要求。

爱国统一战线是中国共产党团结海内外全体中华儿女实现中华民族伟大复兴的重要制胜法宝。上海作为党的统一战线政策的提出地、统一战线历史的见证地、统一战线工作的实践地，具有港澳台及海外统战和侨务工作优良传统和资源禀赋，与港澳台海外同胞具有"亲情""乡情""友情"等天然联系，更是对台工作的重镇。为此，上海中华职教社深刻理解和把握"三性"特点和群团组织优势，继承党的统一战线百年历史中的上海实践优良传统，在港澳台青年人的爱国统战工作领域中持续积极探索、做出新成绩、迈上新台阶。

首先，突出"统战性"第一性。随着沪港澳台经济社会的发展，社会阶层、组织和流动日趋多样化与多元化，思想意识、价值判断、观念行为、诉求方式等也趋于多元，这也是做好港澳台青年统战工作所面临的首要问题。赢得青年才能赢得未来，作为统一战线一员，上海中华职教社要多做绵绵用力、潜移默化的工作，争取团结港澳台青年，巩固爱国力量。在社会化大统战格局中找准定位，善于把统战性寓于研习营活动中，彰显统战性与研习营核心价值观融合的独特作用，更以创新开放的思维应对新时代港澳台青年统战工作的变化与挑战，进而增进青年们对祖国的归属感和作为中国人的责任意识。

其次，依托"教育性"职能。职业教育作为技术技能型人才培养的主力军和蓄水池，对于推荐沪港澳台社会经济建设具有十分重要意义。在中国式现代化的新征程上，上海中华职教社应着重发挥自身的资源优势，借鉴港澳台地区职业教育发展经验，加速现代化职业教育的改革创新；并以职业教育为媒介，以组织港澳台职业院校师生来沪研习的形式，广泛联系团结港澳台职业教育界等有关人士，特别在团结港澳台青年一代方面积极作为，推进统一战线和职业教育工作。

再次，发挥"民间性"优势。中华文化源远流长，博大精深，是维系中华民族各族儿女团结统一的精神纽带，也是支撑中华民族奋勇前进的精神力量。以文化为载体，构建港澳台青年与内地的沟通交流是做好新形势下港澳台青年统战工作的重要内容。我们要充分利用地域优势，充分发挥上海文化资源和人才优势，促进沪港澳台交流融合发展，不断发展壮大新时代爱国统一战线，为中华民族伟大复兴、实现中国梦凝聚人心共识、汇聚智慧力量。

时代赋予职教人新的使命，职教人也在奔赴美好未来的征程中书写令党和人民满意的答卷。

二、历届研习营的情况概述与主要做法

（一）情况概述

自 2016 年起，上海中华职业教育社围绕中央对台、对港澳工作大局，充分发挥上海文化资源和人才优势，在完成"规定动作"的基础上，以"自选动作"——职业院校学生、大学生研习营为抓手，以组织港澳台地区院校师生来沪参加研习的形式，通过人文交流，讲好中

▼ 图 8.1 上海中华职教社举办的研习营主题情况

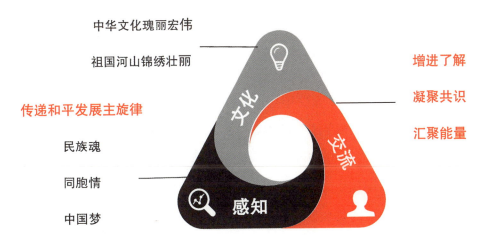

国故事，展现海派文化魅力和真实、立体、全面的中国，增进同胞亲情，增强港澳台青年同胞的文化认同、民族认同、国家认同（详见表8.1）。总共参与研习营的590名营员中，满意率高于90%。

表8.1　历年香港、澳门、台湾研习营情况一览表

地　区	年　份	时　间	港澳台人数	院　校
香　港	2018	5月16—22日	39	香港专业教育学院（沙田）
	2019	5月19—25日	51	香港专业教育学院（柴湾）
澳　门	2017	7月16—22日	52	澳门城市大学
	2018	7月15—21日	56	澳门大学、澳门城市大学
	2019	6月25—31日	53	澳门大学、澳门城市大学、澳门科技大学
	2021	7月11—17日	34	澳门大学、澳门城市大学、澳门科技大学、澳门旅游学院
台　湾	2016	8月4—10日	83	台北、新北、台中、桃园、台南、高雄、基隆、新竹、嘉义9个市以及宜兰、新竹、彰化、苗栗、南投、嘉义、云林等7个县共81所院校
	2017	7月5—11日	93	
	2018	7月5—11日	64	
	2019	7月4—10日	65	
合　计			**590**	

1. 台湾研习营

台湾地区技职教育体系中有155所职业学校、14所专科学校，77所技术学院或科技大学，合计246所相关院校，上百万在校学生。台湾职业院校学生在台湾青少年中占相当大的比例，是台湾经济社会发展的中坚力量，"两岸青少年身上寄托着两岸关系的未来"，赢得台湾青少年是赢得两岸和平统一的重要一环。

近年来，上海中华职教社与台湾海峡两岸教育交流促进协会携手，精心策划、通力协作，以"文化　感知　交流"为主题，组织台湾地区职业院校师生来沪参加研习，先后举办四期研习营，覆盖了台北、新

北、台中、桃园、台南、高雄、基隆、新竹、嘉义9个市，以及宜兰、新竹、彰化、苗栗、南投、嘉义、云林等7个县地区共81所院校305人次参营。研习过程中分别配备了来自华东师范大学、华东政法大学、上海师范大学和华东理工大学、上海台商子女学校、同龄人志愿者，与台湾师生同行同住同感，取得了良好的效果，并被上海市台办列为2018年、2019年度、2023年度对台交流重点项目。2023年，上海中华职教社将时隔3年继续举办第5期台湾研习营，通过研习营的活动，台湾师生们普遍反映"感受深刻、开了眼界、收获很大、很有意义"。首期研习营营长、台湾员林高级家事商业职业学校校长刘泽宏表示："这次参加研习营的师生大多是第一次来大陆、来上海，大家都非常珍惜这次机

▼ 2016年8月5日，首期台湾职业院校师生研习营在上海中华文化学院举行（领导自左至右为：上海海外联谊会副会长虞丽娟，台湾教育系统大学总校长吴清基，上海市政协副主席、上海中华职教社主任周汉民，上海市台办巡视员李雷鸣）。

◀ 2019年5月20日，第二期香港大学生研习营在上海浦东卫生发展研究院举行（领导自左至右为：浦东新区副区长、上海中华职教社副主任李国华，浦东新区区委统战部部长金梅，上海市政协副主席、上海中华职教社主任周汉民，香港职业训练局博士区皓良，上海中华职教社副主任胡卫）。

◀ 2017年5月17日，首期澳门大学生研习营在上海中医药大学举行（领导自左至右为：中华职教社联络部部长缪飞，上海市政协副主席、上海中华职教社主任周汉民，澳门城市大学副校长孔繁清，上海第二工业大学校长俞涛）。

会，看到上海的繁荣景象感到很震惊，超乎大家的想象，主办方热情周到的安排让大家很感动，感受到了一家人的亲情，体会到两岸和平发展弥足珍贵。"

2019年，随着台湾研习营的持续举办，周汉民主任再次带队赴台，就进一步增加台湾技术大学（高职）学生参加研习营活动，建立两岸职业学校的对口交流联系等达成共识。同年，台湾方面组织方海峡两岸教育交流促进协会理事长也参加了相关活动，研习营期间，也促成了台湾明道大学与上海农林职业技术学院的合作。

2. 香港、澳门研习营

上海中华职教社在港澳交流和联系团结港澳同胞，特别是团结港澳青年一代方面积极作为，在 2016 年成功举办首期台湾职业院校师生研习营的基础上，尝试探索香港、澳门研习营，进一步围绕对港澳工作中心、服务统一战线大局，以"传承中华文化，加强青年交流，弘扬民族精神，促进沪港澳繁荣"为初心的港澳研习营登上了历史舞台，成为了上海中华职教社重点工作项目，分别于 2017 年起举办澳门大学生研习营、2018 年起举办香港职业院校师生研习营，至今已举办 2 期香港营、4 期澳门营，共 285 名港澳师生来沪研习。每期均有来自华东师范大学、华东理工大学、华东政法大学、上海海洋大学、上海师范大学的志愿者全程陪同参与。2023 年，上海中华职教社将继续举办第 5 期澳门大学生研习营，希望吸引澳门师生聚首申城，交流交往，探索未来。

正如 2019 年澳门城市大学的陈梓慧、谭绮君老师所言："本次研习营时间虽短，但获益良多，志愿者和工作人员们的热情招待让大家感受到上海是一个充满温情的地方，我们在上海用脚步丈量亲身体验了这座城市的魅力风采，我们用心感悟进一步提升了对中华民族的文化认同。"香港专业教育学院乔春峰博士认为："通过研习营活动，我们感受到中华文化的博大精深、祖国河山的魁伟壮丽、民族历史的灿烂悠久；体会到现代化城市建设的腾飞崛起，祖国日益强大的综合实力，深感震撼、不虚此行。"澳门城市大学的陈伟强同学还记录了一路上参访、活动的影像，精心制作成了一部短片，这些都表达了港澳师生学子对研习营的恋恋不舍与感谢之情。

（二）主要做法

几年来，为成功举办研习营，上海中华职教社坚持开拓创新，积极进取，在项目行程规划上实现了"从无到有，从有到新，从新到特"，在活动设计上紧扣"文化、感知、交流"。如从"眼观"亲历二十国集团峰会场馆，感受祖国大陆发展与综合实力迸发的强劲动力；从"耳闻"聆听专业讲解知晓中华民族坚韧不屈的抗战历史；从"口问"了解台资企业在上海立足发展的打拼历程与未来前景；从"手作"体验中华传统文化"皮影戏"与"捏泥人"，感悟"能工巧匠""大国工匠"孜孜不倦精益求精的精神；从"步行"亲历祖国大陆的美景与现代化城市的建设发展。这些活动策划实现了聚焦"知晓度"，感受传统底蕴与发展变迁；提升"参与度"，聚焦互动交流与真情感悟；增强"喜爱度"，凝聚共识共促发展新高度。在文化体验中增进认同，在直观感知中增加了解，在互动交流中增强互信。以下通过表格形式浓缩介绍研习营开展的丰富内容与多样化的形式。

表8.2 历届香港、澳门、台湾研习营活动讲座一览表

类　别	讲座专家	专家情况	题　目
时　政	周汉民	上海中华职业教育社主任	《"一带一路"倡议和前景》《"一带一路"：从愿景到行动》《一带一路：从倡议到行动》《一带一路：从倡议到共识》《改革开放是中国的第二次革命》
	胡　卫	上海中华职业教育社常务副主任	《职业教育和经济发展的形势与任务》
专　技	张　挺	上海中医药大学副教授	《走进中医》
	董志颖	上海中医药大学教师	《中药饮品专题识别》
	谭红胜	上海中医药大学教师	《中药质量与国际化思考》
	徐宏喜	上海中医药大学中药学院院长	《中药国际化进展》
文　化	熊月之	复旦大学特聘教授	《海派文化形成及其影响》
	葛剑雄	复旦大学教授	《从历史地理解读上海和海派文化》
	王东辉	上海第二工业大学教师	《中华传统艺术——书法绘画的魅力》
	陈勤建	华东师范大学教授	《上海的底色文化》
	宁　波	上海海洋大学档案馆馆长	《海洋文化：人类文明加速发展的动力》
	谭林琳	闵行青少年活动中心教师	《非遗海派文化》

表 8.3　历届香港、澳门、台湾研习营参观场所一览表

传统文化与历史类	中共一大会址、上海博物馆、上海市历史博物馆、上海档案馆、上海世博会博物馆、上海纺织博物馆、中医药博物馆、中华艺术宫、吴昌硕纪念馆、上海四行仓库抗战纪念馆、中共中央上海局机关旧址、上海中华职业教育社、长宁民俗文化中心、广富林文化遗址公园、新场古镇、杭州岳王庙
文化创意类	麦可将文创园区（台企）、M50 创意园区、行走愚园路红色记忆与海派文化
城市建设类	上海外滩、浦东陆家嘴金融贸易区、北外滩滨江绿地、浦东规划展示馆、张江科学城、浦东国际人才港、浦东新区城市运行综合管理中心、松江城市规划展示馆、大小洋山港、杭州二十国集团峰会现场、大世界、上海中心朵云书院
科技与企业类	上海科技馆、益大本草园、上海航天创新创业中心、远望 1 号、上海数据交易中心、浦东通用汽车制造基地、昆山大数据园区、昆山龙腾光电有限公司（台企）、上海斯米克集团（台企）、统一企业中国总部（台企）、明基电通有限公司（台企）
院校类	华东师范大学、上海中医药大学、上海体育学院、上海海洋大学、上海第二工业大学
展览类	愿相会于中华腾飞世界时——人民总理周恩来陈列展、浦东开发开放 30 周年主题展、弘扬百年奋斗精神　推动航天强国建设——庆祝中国共产党成立 100 周年专题展、松江区庆祝中国共产党成立 100 周年主题展

表 8.4　历届香港、澳门、台湾研习营体验类活动一览表

技能类	2016 年香港、台湾营员参加第四届"中华杯"职业技能邀请赛中餐热菜、冷拼食雕、导游服务和美甲彩绘项目；2018 年，香港营员参加第六届"中华杯"职业技能竞赛——沪港青年交流赛中药饮片识别项目
	早于研习营前的 2012 年，台湾学生参加第二届"中华杯"职业技能调酒师邀请赛
体验类	香囊制作、发簪制作、皮具制作、面塑制作、汉服体验、折扇书法、皮影戏、扎染技艺、马赛克画、丹宁包、纸灯、民乐互动、昆曲《牡丹亭》、武术、五禽操、太极操、赛龙舟、飞行模拟器、航海技能与逃生技能
联欢类	2017 年，台湾营员与上海中医药大学联欢；2017 年，澳门营员与上海第二工业大学师生联欢；2019 年，沪澳举行青年学生庆祝澳门回归 20 周年文艺演出

1. 文化之旅——了解传统文化、体验传统手作，扣开心灵契合之门

海峡两岸暨港澳社会融合的坚实基础是共同的文化，达成心灵契

合唯有从文化认同着手。统计发现，港澳师生近 70% 是首次到访上海，近 30% 港澳师生认为文化社会通识课成效不明显；台湾师生中近 85% 是首次到访上海，近 70% 是首次到访大陆。

一方面，上海中华职教社周汉民主任为青年讲坛主讲的第一课，主题精心构思，内涵层层递进，全面展示了"一带一路"倡议的重大意义、核心内容、现实进程和宏伟蓝图，解读精准深刻，语言凝练生动，分析鞭辟入里，还展示了改革开放筚路蓝缕的艰辛历程和辉煌成就，极具感召力和影响力；邀请熊月之、葛剑雄等大师大咖精彩纷呈讲述中国璀璨的五千年文化地理知识，特别是沪港澳台的历史地理情况，许多营员都有醍醐灌顶、遽然梦醒之感。龙华科技大学刘龙一老师说："熊教授演讲中所提到的清末、民国时期的历史事件，勾起了我不少的回忆，现在台湾的教科书经过修改之后，年轻一代对中国的历

▼ 2017 年 7 月 7 日，葛剑雄为台湾师生作《从历史地理解读上海和海派文化》专题报告。

史基本上无从了解，演讲内容给大家触动很大。"有营员写道："从讲座中获得了许多平时接触不到的知识，了解了中国人过去的痛苦，明白了为什么国家强调人民要自强不息，有国才有家。"

另一方面，结合中华职教社"手脑并用，双手万能"的理念，通过体验传统手作，领略传统文化的奇妙，体验各具特色的民俗民艺、

2018 年香港职业院校师生在上海中医药大学体验五禽戏 ▶

2021 年澳门大学生在上海纺织博物馆体验扎染技艺 ▶

风物文化，如欣赏体验"皮影戏"表演，亲手尝试"捏泥人"，制作端午"香囊"，模仿昆曲唱段，还在当下最流行的文创新领域中体验马赛克画、丹宁包、纸灯球等"传统＋新潮"的新潮流，感悟"能工巧匠""大国工匠"孜孜不倦精益求精的精神，提升了对中华传统文化的自豪感和无限向往之情。有营员写道："除了大力推进城市建设，也有重点保留古代文化，这一点上海做得比我们好。"

2. 感知之旅——了解国情市情、增强爱国情怀，加快心灵契合之步

纸上得来终觉浅，绝知此事要躬行。围绕"上海——可阅读的城市"，立足上海加快建设国际经济、金融、贸易、航运和科技创新"五个中心"建设定位，在研习活动设计上既安排传统项目"阅读历史"如走进上海市历史博物馆、上海四行仓库抗战纪念馆等，从传统文化角度使营员对上海开埠历程、近现代史有了较为全面的了解；还安排"阅读现实"如走进洋山深水港、上海中心等，祖国大陆的发展"脉搏"更加真实可触，让改革开放的伟大成果和新时代新征程的蓬勃朝气在莘莘学子心中播下种子；也安排"阅读将来"如走进在沪台企、通用汽车、上海数据中心等现代化制造业与技术产业，准确认知台商、台胞在上海城市经济发展中起到的积极作用，为展望未来提供了更多的可能性。

不少研习营师生感慨道："四行仓库八百将士浴血奋战的片段只在以前的历史课本上有所涉猎，如今的教材已经鲜有涉及，能有机会看到这么详尽的图片文字和场景还原很难得。"来自台湾员林高级家事商业职业学校的汪佩萱同学看到被保留下来的满是弹孔的外墙墙体后说："台湾的博物馆多为展出的文物，像四行仓库这样的历史烙印真迹比较少，非常震撼！"更有台湾复旦高中王睿祺同学在留言本上激动留下了四个字："珍惜和平！"而对于改革开放以来社会飞速发展的"魔都"，师生们则感叹"经历四季洗礼的上海，城市绿化规划、建设、改造工

2019 年台湾职业院校师生参观四行仓库抗战纪念馆 ▶

2018 年香港职业院校师生参观上海中华职业教育社 ▶

2019 年澳门大学生参观人民总理周恩来陈列展 ▶

程效果堪称完美"。嘉义高级工业职业学校的黄馨慧老师在留言中说："百闻不如一见。所到参访之地都留下了深刻的印象，很充实很愉快。因为以前只是从书本上去认知上海，研习之后我将思索如何更深入地去探索去发掘上海的神秘之处。"

通过在上海的系列文化沉浸式体验，真切感受了"上海力度""上海速度"与"上海温度"，增强了对"开放、创新、包容"的城市品格认识，重温了中华历史和文化，感染到争取民族解放和守土为国的家国情怀，更对祖国的繁荣强盛和远大发展前景有了强烈的新认知。

3. 交流之旅——促进师生互动、组织比拼技能，凝聚心灵契合之力

研习营的一大特色就是让港澳学子在有限的时间内，深度走进校园，深入与同龄人进行交流。

一是专业性交流。针对学生的专业背景，安排参访生物医药和制药行业企业，走进上海有关大学，参观实验室，与专家教授、内地大学生等交流专业问题和行业前景。还参访相关企业，了解相关产品生产和人才需求情况，为到内地学习和就业作准备。

二是职业技能交流。2016 年台湾营，2018 年香港营、台湾营期间，还分别举行了"中华杯"职业技能邀请赛、沪港青年中药饮片识别交流赛，近百名港台选手与本市青年围绕职业教育进行研习和技能切磋，在中餐热菜、冷拼食雕、古典创新调酒、西餐烹饪、西式面点、咖啡制作、导游服务、美甲彩绘、中药饮片识别、汽车维修等项目中同台竞技，交流技艺，起到了以赛会友、以技交友、凝聚共识的作用，也拓展了沪台港职业教育领域的沟通交流与合作。

三是亲情互动交流。先后组织港澳台学生与上海学生一道参加划龙舟、学武术、制香囊、联欢会等活动，不仅体验了传统文化，更重要的是起到了促进双方相互协作、互相帮助、亲情四溢的效果。特别

2018 年香港师生考察益大
本草园 ▶

2019 年澳门师生参访上海
海洋大学 ▶

是联袂举行联欢会，大家积极准备节目，互动唱和，热烈场面激发了
港澳台与祖国大陆"命运共同体"的天然情愫和共鸣。

三、研习营的主要成效与愿景

团结统一是海内外中华儿女共同的根，博大精深的中华文化是海
内外中华儿女共同的魂，实现中华民族伟大复兴是海内外中华儿女共

◀ 2017 台湾职业院校师生研
习营之特别活动——沪台
师生联欢会

◀ 2019 澳门大学生研习营之
特别活动——沪澳青年学
生庆祝澳门回归 20 周年
文艺演出

同的梦。研习营的初心使命如此，研习营的成效与愿景亦是如此。

（一）目标明确：及时掌握港澳台青年思想状况，有效服务港澳台
统战事业

台湾职业院校师生是未来台湾社会和经济发展中技术技能人才的
中坚力量和推动社会生产力的强大生力军，也是极具创造力和活力、
最贴近社会大众的人群。定位这一群体开展对台青年工作，使他们增
强对大陆经济社会发展、中华文化、两岸同根同源的认知，增进对反
台独反分裂促统一的认同，进而倍加珍惜两岸和平发展的局面，具有
十分积极的意义。

港澳职业院校（高校）学生则大都是在 1997 年香港回归、1999 年澳门回归后出生的新一代，作为未来建设和发展的新生代，是推动港澳发展、深入践行爱国爱港爱澳社会主流价值的关键群体。搭建平台，做好港澳新生代统战工作，增强港澳同胞国家意识和爱国精神，增进认同，引导人心回归，凝聚爱国爱港澳的正能量，是维护"一国两制"行稳致远、确保港澳长期繁荣稳定的重要工作，是实现中华民族伟大复兴、同圆"中国梦"的必然要求。

对比上海相关兄弟单位组织的交流活动，集中组织青年学生交流较多的是大学生、中学生甚至是小学生研习营（夏令营）活动，组织职业院校学生，特别是职校教师来大陆交流的相对较少。为此，上海中华职教社在研习营筹划伊始，就明确目标群体——以职业院校师生为主体，找准落脚点与发力点。每期研习营有针对性的设计调查问卷，主动收集港澳台青年的思想状况，通过分析有效问卷，及时掌握思想动态，听取营员对研习营的意见反馈、改进建议，特别是对上海社会经济发展的感想、感悟。从而深入了解港澳台青年学子思想状况，特别是对港澳台与祖国关系的认识，分析其思想状态的形成原因、利弊和发展趋势，寻找面对港澳台青年有效开展统战工作的基本思路和方法举措。

下面摘选部分调查数据，可以为今后拓展活动定位、更好开展活动提供数据支撑与启示。我们发现，来沪前，台湾师生认为上海与台湾的主要差异方面，政治制度、社会环境与文化理念占据前三位；对上海的主要认识来自网络、电视媒体与朋友家人的描述。通过一周的研习活动，师生认为，上海的国际化、出色的城市硬件建设与文化的多元开放体验感触最深；在未来考虑是否来沪发展，上海的发展前景与薪资待遇占据前两位。同时，我们也很欣喜看到，接近 8 成的学子有意愿未来来沪深造、实习或就业，这也是我们矢志不渝办好研习营，更好促进沪台青年交融，让台湾青年一代共享时代发展机遇，贡献出职教社的智慧与力量。

通过总结历年研习营工作和出访交流，上海中华职教社开展的《举办港、澳、台研习营 推进构建中华民族命运共同体》《以促进"心灵契合"为出发点和落脚点——上海中华职教社组织开展港澳台青

您认为上海与台湾的主要差异在哪些方面

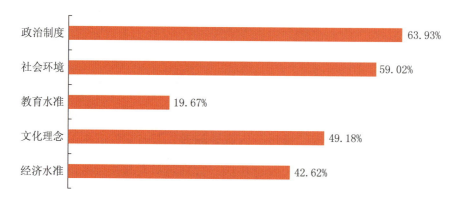

图8.2 台湾营员沪台两地主要差异认识调查分析

上海在哪些方面给您留下了深刻印象

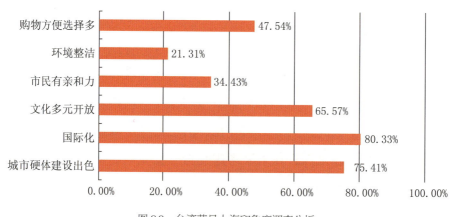

图8.3 台湾营员上海印象度调查分析

您在考虑是否来上海生活发展时，首要考虑的因素是什么

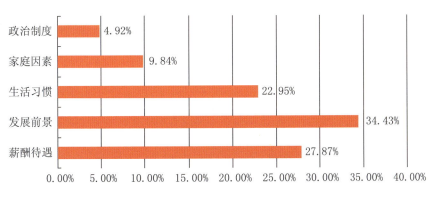

图 8.4　台湾营员来沪生活发展预期调查分析

年统战工作的实践与启示》等调研课题，分别荣获上海市委统战部实践创新成果奖和学习实践习近平总书记关于加强和改进统一战线的重要思想征文活动优胜奖。课题成果将指引我们升华理性认识，肩负使命，进一步提高港澳台统战工作的有效性。

（二）成效鲜明：以"文化、交流、感知"串起活动脉络，有效增强港澳台青年认同

上海以"海纳百川、追求卓越、开明睿智、大气谦和"的城市精神闻名，营员们也以"国际化""现代感""文化多元开放""城市硬件出色""交通便利"等形容上海的多姿多彩。通过研习营这个大课堂，将上海作为中国大陆经济发展的龙头、改革开放巨大成果的缩影、长三角区域经济一体化的窗口加以展示，将中华文化的精髓融入其中，上演了直观而生动的现场教学，让师生们在亲身体验中自发修正对祖国大陆的错误认识和偏见，认清少数人妄图分裂国家的图谋，在潜移默化中强化共同家园的认识，找到中华文化依归。研习营对台湾营员

的影响尤其显著,他们普遍反映感触深,思想触动大,厘清了许多历史的现实的问题。对此,多次参加研习营全程活动策划的台湾海峡两岸教育交流促进协会秘书长路蕙鸿认为:"近几年,台湾民进党执政时期的课改把许多中华文化的元素都改掉了,研习营的活动主旨鲜明,使师生们获得了很多信息,学到了很多知识,体悟到中华文化的博大精深、源远流长,两岸同宗同源,是血脉相连的一家人,增强了对民族、文化、历史、国家的认同感。"可以说,台湾研习营中的教师营员也是我们研习营的重点对象,争取一名教师,就能影响一群学生。通过台湾教师回台后的亲身传教,可帮助一批又一批的台湾青年正本清源,客观认识大陆,认识历史,增进两岸一家的认同。

与此同时,重点围绕"一带一路""改革开放""职业教育发展机遇"等专题,对重大宏观国策进行解读和宣传普及,分析有关领域国际化进程、最新研究成果,预测未来发展方向和前景,则为后续研习营逐步增加为港澳台青年到内地学习就业作必要准备的环节比重,分享内地发展机遇,体现"亲望亲好,亲要帮亲"的同胞情谊起到了潜移默化的铺垫。研习营作为上海中华职教社围绕中心服务大局的一个重点品牌项目,千方百计阐释港澳台和内地是密不可分、休戚与共的命运共同体,"统则强,分则乱",维护命运共同体是每一个中国人的本心,为引导港澳台青年不断追寻本心,强化民族意识和国家意识做出了有益探索与积极实践。

(三)高度认可:细化优化活动设计及服务保障,有效增进港澳台青年友谊

为确保研习营的安全顺利、圆满成功,上海中华职教社领导高度重视,每次专题召开主任会议研究部署,精心组织。周汉民主任听取

筹备工作情况汇报并对确保研习营的安全顺利提出明确具体要求。社主任周汉民，常务副主任胡卫，副主任程裕东、李国华等社领导、市委统战部党派处和相关承办院校、单位的主要领导都先后参加历届研习营开闭营仪式，为确保活动的圆满成功提供坚实保障。

　　通过全社上下拧成一股绳，劲往一处使，又得益于上海市委统战部、上海市海外联谊会、上海市台办和上海中华文化学院领导的关心支持，形成了巨大合力与顽强的战斗力。增设免费 WIFI 热点，让营员能及时与远在家乡的亲友取得联络，及时分享大陆之行的收获和感悟；尊重港澳台师生的学习生活习惯，保障中西结合的餐饮服务，所有背景展板、手册和相关资料全部使用繁体字；采取分组活动和交流的方式，由机关干部、各高校志愿者担任各小组联络员，与营员一起活动；按组建立微信群，联络员及时发布通知和了解最新动态信息，第一时间处理和解决营员的任何问题。在紧密合作、交流交往的过程

2019 年台湾研习营部分学生给华东师范大学志愿者的留言 ▶

中，赢得他们的好感和信任，彼此成为队友和朋友，使彼此在春风化雨般的氛围中坦诚交流思想，自由交换意见，在交流中纠正了一些误解，消除了一些顾虑，增进了相互理解，也让我们了解到港澳台青年许多的真实想法。这些贴心的服务让每位营员感受到祖国大陆的热情好客和亲切关怀，受到一致认可和好评。

研习营往往伴随申城的梅雨季与高温酷暑，必须落实防暑措施，安排随团医生等等。记忆尤深的是在 2017 澳门营闭营仪式上，营员代表林俊禧有感而发："虽然经历了人生从未有过的高温，但与一群年龄相仿、志同道合的志愿者相识、相知，这段旅程我将终生难忘。"

在问卷调查反馈中，九成多营员表示喜欢和非常喜欢上海这座城市，每一位营员都不同程度地表达了对祖国内地，特别是对上海社会经济发展变化的深刻印象，对中华传统文化深厚底蕴引以自豪；在感受到上海发展迅猛的同时，也感受到了上海的温度。不少营员用"充实""收获满满""愉快""珍贵""难得"等词语形容研习活动。

（四）未来展望：吸引港澳台青年来沪就业生活，有效融入中华民族复兴伟业

每次研习营接机时，看到一双双充满好奇、稍显胆怯又按捺不住激动的眼眸，我们以热情微笑喜迎八方来客；一转眼送机时，看到一双双依依不舍、稍显遗憾却又坚定憧憬未来的眼眸，我们以暖暖拥抱挥手送别，期待再次相逢。

上海是充满现代气息的国际大都市，是祖国大陆台湾同胞居住最密集的地区，与港澳台的渊源深厚，在经贸、文化、教育各领域合作交往密切，对港澳台学生有比较大的吸引力。结合调查反馈，港澳台学子中三成有来沪学习升造与就业的意愿，会再次来上海旅游的学员

▲ 2019 年台湾研习营闭营仪式后，学生们争相在研习营营旗上亲手签下自己的名字，写下感言，以作留念。

为 69%，会再来内地其他地方旅游的学员达到 56%。下一阶段，为了更好做好大统战工作，结合市委统战部港澳台侨青年实习计划，进一步扩大合作面，增强影响力，拟将"研习营"纵深向"研习＋实习"发展，走进更多的校园与企业继续以中华文化激发共鸣，以中国精神鼓舞人心，以宏伟蓝图催人奋进，拓宽覆盖范围，提高办营质量，推动活动常态化。

首先，要立足统战大局。 紧紧围绕习近平总书记有关重要讲话精神，加强与相关政府部门、协会、院校的联系，积极协调本市和统战系统的对台、对港澳的工作资源，通过多层面、广范围、深层次的项目活动，做好沪港澳台有关领域的交流合作，为祖国统一大业、中华民族复兴而努力奋斗。

其次，要聚焦教育底色。 职业教育交流是两岸交流、对港澳交流的重要组成部分，是各层次教育交往中最活跃的领域之一。要继续以职业教育为媒介，进一步探索港澳台职业院校师生研习营交流互鉴、融合发展的"上海样板"。

再次，要发挥民间优势。 职教社作为具有民间性的团体，在对外交流中具有独特优势。要坚持"以诚相待",进一步优化活动内容,创新活动方式和服务载体,用心用情提升服务水平,彰显民间机制的独特作用,增加学生之间直接沟通和面对面的交流,做好凝聚人心和力量的工作,使活动更具亲和力、吸引力。

一架桥梁,你来我往络绎于途;一份真心,唱响交心交友合唱曲。站在新的历史起点上,回望党的十八大以来上海与港澳台交流的累累硕果,每一个富有创意的品牌项目后面都有绕不过的传统血脉,每一个合作的延伸都是割不断的中华亲情。新时代新航程中,我们既有经典的传承,又求创新的跨越,我们有愿、有心、有缘,增进同胞心灵契合、亲情福祉,不断谱写同胞交往交流、融合发展的新篇章,画出最大同心圆,共创共享海内外中华儿女万众一心共襄民族复兴伟业的美好未来!

第九章 办好职教沙龙，助力职业教育高质量发展

党的十八大以来，中国职业教育发展进入新的发展机遇期和黄金窗口期，习近平总书记高度重视职业教育发展并指示："职业教育与经济社会发展紧密相连，对促进就业创业、助力经济社会发展、增进人民福祉具有重要意义。"《国家职业教育改革实施方案》《职业教育提质培优行动计划（2020—2023 年）》《关于推动现代职业教育高质量发展的意见》等重大举措的相继出台，从深化改革到提质培优，再到高质量发展，既相互衔接又逐级递进，明确了"十四五"期间职业教育改革发展的政策框架，职业教育也赢来了改革发展的黄金期。

2019 年上海市政府公布《上海职业教育高质量发展三年行动计划（2019—2022）》，2022 年《职业教育法》时隔 26 年修订实施。自此，法律上认定"职业教育与普通教育具有同等重要地位"，并赋予中华职业教育社等群团组织在发展职业教育中的义务与责任，包括参与制定职业教育专业目录和相关职业教育标准，开展人才需求预测，培育供需匹配的产教融合服务组织等。在此背景下，为办好公平有质量、类

型特色突出的职业教育，举办职教沙龙不仅有利于发挥中华职教社作为党和政府团结、联系职业教育界有关人士的桥梁和纽带作用，还有利于培育专业智库，提高职教社建言献策和理论研究水平。

一、传承星期讲座，无愧时代要求

20 世纪早期中国社会处于内忧外患的交困期，战乱不断、物资匮乏，乡土文化根基动摇，不论都市还是乡村的青年都面临不仅无恒产可守也无恒业可干的窘境。青年是国家的未来和希望，如果青年迷茫、困惑甚至沉沦的话，孱弱的国家只有一种结局，那就是溃亡。面对这种困境，以现代知识分子为主体的有识之士纷纷针对青年组织开展各种职业化教育运动，以求国家强盛、民族屹立、社会和谐、青年成才。职业教育的对象群体显然是面向广大青年，使从前不具备工作条件、能力的青年满足工作的要求，让青年的个性和特长能够得到充分的发挥并不断挖掘其潜能，让青年从个人生存、社会服务和国家及世界的生产力增进三个层面进行准备和训练，从而达到教育的最终目的。

1917 年 5 月 6 日，著名爱国民主人士黄炎培联合蔡元培、梁启超等教育界、实业界知名人士 48 人，怀着"教育救国"的理想，发起创立了中华职业教育社，发表的《中华职业教育社宣言书》明确指出，职业教育之目的，"一方为人计，曰以供青年谋生之所急也；一方又为事计，曰以供社会分业之所需也"，中华职业教育社秉持"使无业者有业，使有业者乐业"的创社宗旨，立足"统战性、教育性、民间性"的特点优势，致力于改革传统教育、推动职业教育发展，努力倡导、研究、推行职业教育。在中华职业教育社百余年发展历程中，以黄炎培为轴心的职教先贤，为了推进职业教育发展与人的发展、经济

▲ 1917 年 5 月 6 日，中华职业教育社在江苏教育会成立。图为江苏省教育会旧址。

社会发展密切融合，通过演讲、星期讲座、沙龙等形式，传播"实业救国"思想和西方职业教育思想先进理论，探索中国职业教育发展的方向，唤起民众对职业教育的认知，鼓励社会民间团体、企业、行业兴办职业教育，将职业教育发展作为中华民族伟大复兴的重要举措。

（一）名家荟萃，群星璀璨

"九·一八"事变后，中华职教社积极投身抗日救亡和爱国民主运动，决定利用每周星期日的时间举办抗战知识讲座、学术讲座和职业青年讲座，主要组织中华职业学校、中华职业补习学校的学生和职业青年参加，这就是中华职业教育社历史上有名的"青年星期讲座"。讲座邀请沈钧儒、郭沫若、老舍等社会知名人士演讲，向社会各界尤其

時間	題　目	主講人	聽講人數
十二日	青年問題	章乃器	二六二
十七日	中國職業教育問題	吳稚暉	五八三
廿四日	憲政運動的現階段	左舜生	二〇九
二九年二月一天·地·人物	青年修養問題	老舍	六九人
西北觀感		黃炎培	四〇六
十四日	日本政治經濟	郭沫若	五〇六
廿一日	青年應有的信念	邵力子	五〇六
二月十八日	當前問題	鄒韜奮	八一四
二月廿四日	汪派賣國密約之…	沈鈞儒	五七一
三月三日	密以後如何	陳立夫	五〇六
十四日	三民主義與職業教育	田漢	三五一
二六日	憲政問題	羅隆基	四三〇
二三日	緣何歸來	翁文灝	三五一
二九日	國際形勢與中國	周恩來	三二八六
廿日	魯迅與民族解放	胡風	二一〇七
十日	戰時經濟問題	馬寅初	八七六

職業青年星期講座

▲ 1940年9月，中华职业教育社举办"职业青年星期讲座"的日程表，左起第三列为周恩来讲座的日期和题目。

是青年群众宣传职业教育和抗日救国思想。1940年9月29日，黄炎培邀请周恩来到中华职业教育社主办的"青年星期讲座"作公开演讲。

由于周恩来的社会声望很高，演讲海报刚刚贴出，就在山城重庆引起轰动，报名的人数远远超过预期，还未到演讲时间，听众已经是人山人海。当黄炎培陪伴周恩来来到会场，看到会场已经被蜂拥而来的青年群众挤得水泄不通时，当即决定把演讲场所移到张家花园巴蜀学校的操场上，听众挤满了整个操场，有的坐着，有的站着，有的甚至还爬到树上和操场的篮球架上，而周恩来在听众的簇拥下站在两只方凳上就开始了演讲，用他清晰而响亮的声音讲到："同志们，朋友们，今天职教社要我来讲时事，这当然包括国内外的形势，就我所知道的和大家谈谈……我们只有坚持抗战，坚持团结，以最大的热情发展广泛的抗日统一战线，就一定能打败日本军国主义，最后胜利就一定属于我们。"虽然操场上没有安装扩音设备，但周恩来洪亮的声音把毛泽东同志关于持久战和党的抗战方针政策清晰地展现出来，作了足足三个小时的《国际形势与中国抗战》的讲演，三四千群众围在他四周静听，不时爆发出如雷的掌声。周恩来精辟地论述了国际形势和中国抗战前途，并以真凭实据揭露了国民党消极抗战，积极反共的真相，阐明了中国共产党坚持抗战，反对投降，坚持团结，反对分裂，坚持进步，反对党倒退的基本政策。扭转了很多国统区民众悲观失望的情绪，增强了抗战到底和抗战必胜的信心。周恩来的演讲结束后，许多青年纷纷奔向周恩来面前，请他题词留念。周恩来还为中华职业教育社的工作人员写下"笔战是枪战的前驱，也是枪战的后盾"的题词。这在当时的重庆，如同一声霹雳，震动了山城。

（二）实业救国，精神永存

1922 年 9 月 3 日，黄炎培邀请中国传播马克思主义的先驱者、中国共产党的主要创始人之一李大钊，至中华职业教育社创办的中华职业学校职工教育馆演讲青年问题，并特邀邵力子、沈雁冰、杨贤江等加入，接续演讲的还有高尚德、张国焘等。听众两百余人。此次演讲在上海很具影响。9 月 2 日的《民国日报》预告：本月 3 日下午 1 时，青年星期讲演会特邀北大教授李守常先生，在陆家浜迎勋路中华职业学校公开演讲。李先生为当今新文化运动巨子，对于社会学说尤有研究，此次演讲关于青年问题，对于我们青年定有莫大贡献。同日《时报》亦刊此预告，会后又作详细报道，并全文刊载了演讲词。《申报》《学习杂志》和《民国日报》都刊登了演讲会的详细报道。中国共产党成立后，黄炎培曾北上访晤李大钊。双方倾吐了各自对国内国际大局与前途的看法，并就具体做法交换了意见。李大钊表示："我们的看法大致相同，主要是唤起民众；只是在做法上，你们注重教育，我们除教育外还重组织，我们密切联系吧。"黄炎培说："以教育唤起民众，以组织发动民众，两者不可缺也，让我们携起手来吧！"

抗战期间，全国各地大量热血青年奔赴延安投身革命。因受条件限制，中共中央根据地难以接纳不断涌入的滚滚洪流，上海成了重要的培训、中转基地。中华职业社开办的第四中华职业补习学校，利用各种学生社团组织读书会、讲座、办壁报等形式，宣传中国共产党抗日救国主张。学习马列主义、共产主义思想，培养青年积极分子，为革命队伍输送有生力量。讲座每期三个月，共办三期。一批又一批学生因在这里接受了教育，最后都参加了新四军，补习学校也赢得了"上海抗大"的美誉。

中华职业教育社能够同中国共产党风雨同舟，成长为致力于祖国独立、民主、富强的进步团体，离不开周恩来等中国共产党人对中华职业教育社的关心、帮助和支持。站在新时代新征程上，各级中华职业教育社组织将不忘初心、接续奋斗，努力创造无愧于前辈先贤，无愧于时代要求的业绩，为中华民族伟大复兴的中国梦做出新的更大的贡献！

二、举办职教沙龙，服务社会所需

不忘初心，方得始终。中华职业教育社举办的"职业青年星期讲座"成为宣传职业教育先进理念和抗日救国思想的重要阵地，有力地唤醒和激发了社会民众、广大青年加入全民族抗战的洪流中，为抗战胜利的取得作出了积极贡献。今天，面对党的二十大擘画的以中国式现代化全面推进中华民族伟大复兴的宏伟蓝图，传承"职业青年星期讲座"初心，汇聚力量为将"规划图"变成"实景图"，努力培养造就更多大国工匠、高技能人才是新一代职教人的新使命。上海中华职业教育社按照新修订的《职业教育法》赋予的义务、职责，围绕职业教育中职普融通、产教融合、科教融汇、优化职业教育类型定位等亟须解决的问题，利用职教沙龙这个平台，突出职业教育特性，以服务为宗旨，以解决问题为导向，紧贴社会需求，汇聚各方智慧力量，通过职教沙龙开展调查研究，围绕推进职业教育高质量发展建诤言、献良策，积极服务上海经济社会发展，为统筹抓好疫情防控和经济社会发展作出了重要贡献。

（一）应时之需，举办沙龙

2020 年 4 月，为积极落实习近平总书记坚决打赢疫情防控阻击战的重要指示，响应复工复产复市复学的号召，帮助学校解决在当下疫情形势下复学所面临的新问题、新挑战，在市政协副主席、市职教社主任周汉民的领导下，上海中华职业教育社立足"统战性、教育性、民间性"的特点优势，积极践行和弘扬黄炎培职业教育思想，倡导、研究、推行职业教育，举办了第一期职教沙龙，明确今后每一期沙龙都要有一个总主题，作为一个大切入点，同时结合职业教育改革发展中的时事热点为分主题进行充分研讨。至今已经成功举办了七期，沙龙主要面向我社团体社员单位，包括本市中高职院校、培训机构及校企联盟相关企业，还邀请了部分职业教育领域专家，通过座谈形式，围绕当期沙龙主题进行探讨。

目前，职教沙龙已成为上海中华职业教育社联系基层、服务社员，开展"我与群众面对面""我为群众办实事"的重要抓手，通过沙龙分享先进经验、聚焦发展中痛点、难点，并先后形成了《返校复学的准备要力争百密无疏》《教培机构复学政策不能"一刀切"》《完成高职扩招 200 万需要破解的几个难题的建议》《帮助教培体系解困　助推职业

▲ 2020 年 4 月 17 日，第一期职教沙龙会场。

教育发展》《推进新型（五年一贯制）职业院校建设重在"新"》等针对沙龙中收集到的急难问题的建言献策，经上海市委统战部办公室采用后报送至相关市领导，取得了阶段性成果。

（二）策略优化，打造品牌

1. 把握热点——注重实效

2020 年 4 月，为响应复工复产复市复学的号召，市职教社举办了首期职教沙龙，就疫情形势下复学所面临的新问题、新挑战进行了深入的讨论。随后，结合职业教育改革发展中的时事热点，作为切入点，做到有的放矢。

如第二期职教沙龙，就 2020 年 4 月 27 日上海高三年级、初三年级学生有序返校复学，教育系统已经逐渐迎来开学潮，但受上海市培训市场综合治理工作联席会议办公室于年初下发通知，要求各培训机构和托育机构暂缓开展线下服务，上海市教委更是明确通知各类培训机构在全市中小学生和幼儿园学前幼儿返校开学前一律不得组织开展线下培训及服务，这让距离全面线下停课已经过去3个多月的民非类教培机构面临严峻的生存问题，充满了对何时复工复课的焦虑、等待和无奈。结合这一现状，4月30日上午，上海市政协副主席、上海中华职业教育社主任周汉民主持召开上海中华职业教育社第二期职业院校长沙龙，与来自本市11个涵盖了从学前教育到行业培训机构的负责人和3家企业代表座谈，就当前疫情形势下教培机构面临的问题和挑战进行了深入讨论。在沙龙上，校长们集中反映，受疫情影响，政府出台了很多扶持和优惠政策：社保减免或延期征收；房租减免；发放教师在线教育补贴，等等。但政策的落地却没有真正到达毛细血管，比如，营利性培训机构和非营利性培训机构在社保减免方面不能一视同仁，前者参照小微企业，享受全免；后者参照民非企业，享受减半政策。比如，培训机构很多都是租借商场、办公楼宇举办，出租方本身就是民营单位，受疫情影响，自身经营状况都堪忧，哪肯为培训机构减免房租。再比如线上培训补贴政策，设置的要求非常繁琐，想拿到这笔补贴实在不易，有的企业只能放弃。校长们呼声最高的还是不能尽快复课问题，尤其是开展职业技能类培训的机构，线上教育没法替代和满足线下的实训和操作要求，机构普遍面临没有收入、成本支出、教师流失、退学退费的困境。校长们表示虽然教培机构有的归人社系统管，有的归教委系统管，但都要求统一执行市教委的复学令，有承担企业委托培训任务的教培机构，虽然企业需求很大，因为"一刀切"的政策不让复课，加上考试系统、报名系统关闭，机构要面临倒闭的风险。通过充分交流讨论，形成了《建议教培机构复学政策不能"一刀切"》的专报，希望不要对教培机构的复学"一刀切"，要做到分类指导，精准施策，统筹兼顾，更应尽快恢复职业教育和技能培训，要让培训机构在稳就业、促就业，保居民就业中发挥出应有的积极作用。紧贴"六保""六稳"要求，及时调整对民非教培机构的相关政策，促其健康发展，让职业教育推动经济社会发展，提升就业、服务民生的重要作用得以更好发挥。

纵观七期职教沙龙，大主题分别围绕疫情下职业院校复学、高职扩招200万、"双减"政策规范校外培训、构建现代职业教育体系，分主题涉及疫情新常态背景下，线下培训机构生存与发展的应对措施、中等职业学校转型发展，以及伴随上海产业创新升级，构建新型（五年一贯制）职业院校，提升上海高等职业院校综合实力等。精准的主题设定，契合了当时的政府、大众及各方的关注方向，有效节省了人力物力财力，大大提高了开展系列职教沙龙活动的效率，对后续建言的针对性、时效性都大有益处。

2. 聚焦问题——案例分析

七期职教沙龙邀请的嘉宾涵盖上海市教委、上海市人社、上海市职业教育研究者、上海31所中高职学校校长、20家企业管理者、16家培训机构负责人，涉及广大基层一线多个层次和领域。职业院校包括中专、中职、技工、高职、行业所属、市教委、市人社所属等公办、民办院校；培训机构涉及营利性与非营利性机构，有常年扎根线上线下教育的大品牌，也有聚焦精专特新领域的中小品牌；有深耕一线教学领域几十年的校长，负责学生就业指导的教务长，也有在企业招聘一线的负责人，搭建校企合作线上教学的运营方，以及负责技工类的社会培训方。参会者在会前围绕主题，结合实际工作积极准备，将基层一线的声音原汁原味传达，将政策实际推进中遇到的瓶颈和问题以实际案例生动展示，具备更广泛的包容性和更明确的代表性，让教育方、企业方、第三方机构以及政策决策方清晰了解一线教育层面的困惑。

如 2020 年 9 月 24 日召开第四期职教沙龙，上海市政协副主席、上海中华职业教育社主任周汉民同与会的 14 位职业院校长和专家深入交流，共同为新冠疫情常态化新形势下上海乃至长三角地区职业教育发展未雨绸缪。与会同志普遍反映，国家有关政策急速转型，职业教育工作者们本领危机日益凸显的情况下，教培机构面临前所未有的巨大压力。比如，疫情期间非营利性职业技能培训办学机构，难以享受到国家平等的补贴政策；职业技能资格证书考试取消后，从业者的资格、能力由谁来认证，如何保证权威性；职业教育收费政策差异、地区差异，职业教育资源配置不均衡，以致一些重要的专业少有问津，区域发展不协调；如何完成国家高职扩招任务，有效应对疫情冲击，加快长三角职业教育协作，推动上海职教高质量发展，亟待党和政府拿出更大决心和科学举措等。希望上海坚持放管结合，鼓励支持行业协会组织新形势下扮演更重要角色，支持行业协会接棒技能评价任务，更要在政策上向行业协会办学机构倾斜。同时要立足长三角，夯实高职扩招和职教高质量发展基础，努力在长三角这个范围内，重新布局职业教育，加强深度合作，为实现高职扩招任务，加快职教共同发展提供更广阔的舞台。聚焦双循环，大力推进上海职业教育国际化改革，合理引进国际权威行业协会证书体系，积极促进国际间职业技能证书的相互认同，推动国际间人才交流和互动。顺应"一带一路"潮流，逐步把中国的职业培训体系推广到友好国家，共同促进全球人才培养体系建设。此外，为加快职业教育国际化的进程，政府应在办学资质审批、财政资金、校企合作、外教引进等方面给予支持。根据职教沙龙的交流情况，提出思考并形成专报，报送给中共上海市委、市政府领导参考。基层一线不仅掌握职业教育真实的第一手资料，同时还蕴藏着无穷智慧，通过职教沙龙这种头脑风暴的形式往往能够形成切实可行的问题解决方案。

3. 专家智库——释放能量

经过最初两期职教沙龙的成功举办，为了更全面、专业、系统反映职业教育领域的重点、难点、堵点问题，在专业性和深度上做文章，上海中华职教社发挥统战团体自身优势，大力挖掘社员力量，在第三期职教沙龙举办期间组建了市社专家委员会，成员都是来自中高职院校、行业协会、科研院所、政府机构、教育集团职业教育领域的专家、学者等。自专委会成立以来，每期职教沙龙均邀请契合沙龙主题或为该领域的相关行业的专家委员会成员参会，依托他们的专业优势，从

▼ 2020 年 7 月 1 日，第三期职业院校长沙龙暨专家委员会委员聘任仪式。

职业教育发展全局着眼阐述职业教育发展大背景，也以具体问题具体分析从问题导向提供专业解读，敏锐把握问题实质，提出系统性解决方案，打通了建言献策"优质高效最后一公里"，大大提高了沙龙反映问题的全面性深刻性，解决方案的系统性有效性，保证了职教沙龙的建言质量和持续深入。

目前专委会已经成为上海中华职教社政策研究、决策咨询、建言献策的专家集体，也是指导办学实践、开展重点项目评估及信息沟通的参谋顾问，在学习贯彻新《职业教育法》、推进职业教育高质量发展方面持续提供智慧力量，凝智聚力，是上海中华职教社事业发展重要的智力支持人才宝库。

三、扩大社会影响，发挥辐射作用

职教沙龙已成为上海中华职业教育社"再三篇"的品牌项目之一（老三篇有"中华杯"职业技能竞赛、上海职业教育事业蓝皮书、发放"中华助学金"）、（新三篇有"香港、澳门、台湾研习""职业院校长研修班""沪港台职业教育论坛"），丰富了调查研究与建言献策的形式，拉近了与职业院校、培训机构、社员单位间的距离，发挥了专家骨干社员的作用，也为"大走访、大调研"围绕中心、服务大局提供了扎实有力的案例支撑。

（一）畅通建言渠道，破解发展瓶颈

以职教沙龙为平台，与基层一线的同志济济一堂，为聆听基层声音，畅通建言渠道搭建了平台。沙龙有关专报无需经过层层传递，常常第一时间迅速汇总上报市有关领导，大大加快了建言献策的节奏，

为破解职教难题，扫除职业教育事业发展工作中的障碍，提高政策执行的有效性奠定了基础。例如，第三期沙龙专报《落实高职教育扩招要有新举措》，很快就得到了市政府有关领导的批示；第六期职教沙龙形成了"1+9"的建言报告，其中《关于解决职业教育"急、难、愁"问题 推进上海职业教育高质量发展的建议》，得到了市委办公厅和市政府相关部门的重视。随后，市委办公厅综合处于2021年11月专门赴我社开展专题调研，共商本市职业教育高质量发展之策。截至目前，上海中华职教社组织的职教沙龙相关建言都得到了政府部门的重视，甚至有的已前往职业院校实地考察座谈，并在后续推进实施职业技能等级证书制度、推进职业教育本科建设、支持和规范社会力量举办职业教育、增强职业教育适应性等政策细则出台中得到了相应体现。

（二）搭建合作平台，用好各方资源

上海中华职业教育社作为"统一战线大家庭"一员，通过职教沙龙"见面"平台，凝聚人心、汇聚众智，充分调动起教育界、经济界、科技界等各类别各层次有志于投身职业教育事业发展的可靠力量，用好可以利用的资源，激发可以激发的活力。一方面，在提供公共决策过程中，更好发挥群团组织人才库和智囊团的优势；另一方面，在广泛深入调查研究的基础上真实反映民心民意。以职教沙龙创新平台为抓手，加强内外联动，资源整合，有助于建立以政府为主导，专家学者、学校机构、社会力量等多元利益相关主体共同参与职业教育领域政策制定与执行的协商治理机制，形成多元利益相关主体共同参与的推进上海职业教育多领域多层次全面发展的良好局面。通过这个载体，坚持问题导向和建议导向，及时发现问题，为政府决策提供建议和参考。为国分忧，即使面对再多的困难和问题，也要发挥职业教育服务经济社会发展的职责和使命，发挥优势，突出特色，自我加压，为国担责。充分调动广大职业教育界人士的积极性主动性创造性，聚焦全市中等职业学校转型发展的热点难点和突出短板，聚焦事关职业教育长远发展的重大理论和实践问题，深入调研，积极建言献策，为党、为政府提供决策参考，有效解决职业教育与经济社会发展匹配度问题，为提高职业教育人才培养质量、满足经济社会发展需求作出贡献。

（三）不负职教先贤，创设特色品牌

为贯彻落实习近平总书记加快构建现代职业教育体系，推动本市现代职业教育高质量发展，上海中华职教社围绕新颁发的《职业教育法》赋予的义务与责任，通过职教沙龙的形式，积极帮助各职教机构克服困难，为职业教育顶层设计、人才培养布局结构，深化产教融合、校企合作，提高职业教育吸引力和社会认可度积极建言，不负职教先辈，尽到了百年社团的新时代责任。以沙龙交流情况为依据，形成"一期一报"专题上报市委统战部，多次得到市委、市政府有关领导的批示，特别是第六期《关于加强上海职业本科建设的对策建议》，在得到陈群副市长批示的同时，在市委统战部136期《统战专报》上也予以刊登。上海中华职教社举办的职教沙龙，彰显了自己的时代担当，中华职业教育社这块金字招牌为上至领导下至广大职校学生等更多人所熟知和认可。

四、明确功能定位，提高沙龙质量

职业教育与经济社会发展紧密相连，对促进就业创业、助力经济社会发展、增进人民福祉具有重要意义。当前，面对新形势新任务，建设教育强国、人才强国，离不开高质量发展的职业教育。党的二十大报告提出"教育、科技、人才"三位一体发展战略，即教育，打造技术高技能人才培养高地；科技，打造技术创新平台；人才，打造高水平专业群和打造高素质职教师资队伍以及专业化管理队伍。要优化职业教育类型定位，深化产教融合、校企合作，深入推进育人方式、办学模式、管理体制、保障机制改革，稳步发展职业本科教育，建设一批高水平职业院校和专业，推动职普融通，增强职业教育适应性，加快构建现代职业教育体系，培养更多高素质技术技能人才、能工巧匠、大国工匠，为推动职业教育高质量发展及在大国竞争中获得人才发展战略优势提供强有力的支撑保障。

未来，职教沙龙将立足推动现代职业教育高质量发展，服务全面建设社会主义现代化国家的功能定位，面对上海职业教育改革发展面临的新形势新任务新要求，把握形势、顺应趋势，准确识变、科学应变、主动求变，主动服务上海产业转型升级，助力长三角区域发展，着力于提高上海职业教育的质量、适应性和吸引力，以办好高质量的沙龙助推高质量的发展。

一是健全制度，强化沙龙组织保障。俗话说"没有规矩，不成方圆"，规矩就是制度，在建立科学、合理、有效的制度的同时，又要让制度落到实处，得到有效执行，这样才能保证制度更好地发挥作用。下一步要形成沙龙活动制度，从组织保障、内容形式、参与范围、成果体现等方面明确要求、提供保障，让沙龙活动更加的科学化、规范化、制度化，最大限度地体现沙龙成效。

二是快速响应，紧跟职教热点问题。要结合新颁布的《职业教育法》以及职业教育改革发展要求，重点围绕制约职业教育高质量发展的瓶颈问题，积极构建现代职业教育体系、培养更多高水平技能型人才、增强职业教育适应性、持续改善职业院校办学条件、加强产教融合等热点问题，第一时间开展相关调研，形成可供政府决策参考的建言专报、社情快报。

三是围绕中心，服务上海产业经济。要紧紧围绕中心、服务大局，对标上海持续推进社会主义现代化引领区建设，全面强化"四大功能"，大力促进"五个中心"建设，打造集成电路、生物医药、人工智能三大世界级产业集群，聚焦"六大硬核产业"（中国芯、创新药、蓝天梦、未来车、智能造、数据港）先进制造业集群产业发展等上海产业经济发展的中心任务，结合职业教育发展和技能人才保障在其中应发挥的重要作用积极建言献策。

附录　大事记（2009—2022 年）

2009 年

6 月 26—27 日　上海中华职教社在上海科学会堂举行第四次代表会议。选举产生了以市政协副主席周汉民为主任，马国湘、严健军、俞恭庆、胡卫、胡忠泽、韩正之为副主任等 25 人组成的第四届社务委员会。

9 月 24 日　上海中华职教社举行"庆祝中华人民共和国成立 60 周年座谈会"。会后，周汉民主任点击开通了上海中华职教社改版后的新网站。

12 月 30 日　新的上海浦东职教社第一次社务委员会（扩大）会议召开。宣布浦东、南汇两区职教社合并工作完成。陈志龙为第一届社务委员会主任。

2010 年

2 月 3 日　全国政协副主席、中华职业教育社理事长张榕明到上海中华职教社视察工作，并与社内同志座谈。

2 月 4 日　上海中华职教社主任周汉民，副主任马国湘陪同张榕明理事长考察了上海世博会事务协调局和世博园区。

5 月 8—12 日　台湾商业职业教育学会理事长陈永盛为团长的考察团一行 7 人应邀到访上海中华职教社，并参观了 2010 上海世博会。

7 月 8 日　上海中华职教社主任周汉民，副主任胡忠泽、马国湘陪同中华职业教育社名誉副理事长王艮仲参观上海世博会。108 岁的王艮老成为此届世博会年龄最大的游客。

7 月 27 日　上海中华职教社副主任马国湘、胡忠泽出席上海中华职业教育温暖工程基金会与英国救助儿童会合作备忘录签字仪式。

8 月 6 日　上海杨浦职教社成立暨第一次代表大会举行。邵志勇为第一届社务委员会主任。

8 月 17 日　上海中华职教社主任周汉民，副主任马国湘、胡忠泽、严健军出席流动青少年职业教育国际合作项目会议，与英国救助儿童会中国项目首席代表詹伟德一行共商合作项目。

2011 年

5 月 10—11 日　由中华职业教育社主办，上海海外联谊会、上海市教育委员会协办，上海中华职教社承办的"2011 中国（上海）国际职业教育论坛"在上海淳大万丽大酒店举行。

6 月 27 日　上海中华职教社召开纪念中国共产党建党 90 周年座谈会。

9 月 28 日　上海中华职教社主任周汉民在上海市政协浦江厅会见了新近上任的英国驻沪总领事馆文化领事包迈岫（Matt Burne）一行，

双方就职业教育和文化交流方面问题进行了友好会谈。

2012 年

3月1日 上海黄浦、卢湾两区撤二建一后，新的上海黄浦职教社成立。祝志新为第一届社务委员会主任。

5月9日 纪念中华职教社成立95周年大会在上海市政协举行。会议表彰了26位优秀社务工作者、41位从事职教社工作满15年的同志。《责在人先——中华职业教育社95周年纪念文集》首发。

9月21日 上海中华职教社李明副主任应邀为闵行区浦江镇召稼楼古镇黄炎培职业教育展示馆揭幕。

10月23—24日 上海中华职教社联合上海市社院举办为期2天的首期中青年骨干社员培训班。

12月28日 上海静安职教社召开成立大会。刘兴宗为第一届社务委员会主任。

2013 年

3月19日 上海长宁职教社召开成立大会。顾晓敏为第一届社务委员会主任。

3月28日 上海闵行职教社召开成立大会。王浩为第一届社务委员会主任。

5月22—28日 应台湾商业职业教育学会理事长陈永盛邀请，上海中华职教社主任周汉民率团一行10人赴台湾访问。

8 月 22 日　上海中华职教社主任周汉民会见了台湾新党主席郁慕明，并对新党建党 20 周年表示祝贺。

9 月 17 日　由上海中华职教社和市成人教育协会、市静安区绿化委员会办公室共同举办的上海市首届"中华杯"职业技能竞赛活动启动仪式暨插花花艺和咖啡制作技能比赛，在静安公园举行。

10 月 28 日　上海中华职教社分别召开沪台职业教育交流座谈会和沪港台职业教育合作洽谈会。

11 月 14—15 日　上海中华职教社联合上海市社院举办第 2 期中青年骨干社员培训班。

11 月 22 日　上海市首届"中华杯"职业技能竞赛颁奖大会在上海科学会堂举行。

12 月 21 日　上海中华职教社和上海中华职业教育温暖工程基金会共同举办的首批"中华助学金"发放仪式在上海科学会堂举行。

2014 年

2 月 25 日　上海普陀职教社召开成立大会。汪胜洋为第一届社务委员会主任。

3 月 27 日　上海青浦职教社召开成立大会。朱良俊为第一届社务委员会主任。

3 月 28 日　上海金山职教社召开成立大会。朱建国为第一届社务委员会主任。

3 月 31 日　上海闸北职教社召开成立大会。王钢为第一届社务委员会主任。

4 月 8 日　上海松江职教社召开成立大会。钱秋萍为第一届社务委员会主任。

4月9日　上海宝山职教社召开成立大会。苏卫东为第一届社务委员会主任。

4月21日　上海中华职教社《2014上海职业教育事业蓝皮书》新书发布会在上海图书馆举行。

5月23日　上海中华职教社在市政协文化俱乐部大礼堂召开第五次代表会议。选举周汉民为第五届社务委员会主任，马国湘、李明、胡卫、程裕东、张岚、陆靖、谢毓敏为副主任。

9月17日　由上海中华职教社和市成人教育协会共同举办的上海市第二届"中华杯"职业技能竞赛启动仪式，在浦东世纪公园举行。

10月23—24日　上海中华职教社联合上海市社院举办第3期中青年骨干社员培训班。

11月8日　上海中华职教社联合香港职业训练局、台湾中华商业职业教育学会在上海海洋大学隆重召开上海首届"海峡两岸暨香港职业教育论坛"。同期举行了上海市第二届"中华杯"职业技能竞赛颁奖大会。来自香港、台湾的17名选手参加了3个邀请赛项目。

2015 年

1月10日　上海中华职教社和上海中华职业教育温暖工程基金会共同在上海科学会堂举行2014年度"中华助学金"发放仪式。

4月19日　上海中华职教社举行中青年工作委员会成立大会。孙红为中青委主任。

5月18—21日　中华职业教育社省级组织领导干部能力建设培训班在沪举行。18日，陈昌智在中华职业教育社副总干事韩晓光、中共上海市委统战部副部长吴捷陪同下到上海中华职教社调研。

6 月 8 日 中共上海市委统战部副部长虞丽娟到上海中华职教社调研。

6 月 《2015 上海职业教育事业蓝皮书》正式出版。

8 月 20 日 上海中华职教社召开五届三次社务委员会全体会议。增补严健军同志为五届社务委员会委员、副主任。

9 月 29 日 纪念胡厥文先生诞辰 120 周年暨"爱国主义教育基地"揭牌仪式在嘉定区博物馆举行。

10 月 8—12 日 周汉民主任同贵州省政协副主席、省中华职教社主任蔡志君代表上海、贵州两地职教社签订合作意向书。

10 月 21 日 上海中华职教社与上海市社院联合举办第 4 期中青年骨干社员培训班。

12 月 4 日 上海中华职教社在市民主党派大楼举行纪念黄炎培先生逝世 50 周年座谈会暨《黄炎培职业教育思想读本（综合篇）》首发式。

12 月 12 日 王艮仲同志撒海仪式在上海吴淞码头举行。

12 月 31 日 上海中华职教社与上海中华职业教育温暖工程基金会共同在上海科学会堂举行 2015 年度"中华助学金"发放仪式暨温暖工程实施 20 周年总结大会。200 名职业学校困难学生获得资助 40 万。14 家温暖工程先进集体和 19 位温暖工程先进个人受到表彰。

2016 年

1 月 30 日 由上海中华职教社、上海市职业技能竞赛组委会办公室共同举办的 2015 年中国技能大赛——上海市"中华杯"教师职业技能竞赛颁奖大会，在徐汇区业余大学举行。

2月21—26日 应香港职业训练局和澳门城市大学的邀请，上海中华职教社主任周汉民率团一行6人赴港澳进行工作访问。

5月23—27日 由上海中华职教社联合贵州职教社在上海市社院举办首期贵州职业院校院（校）长研修班。

7月 《2016上海职业教育事业蓝皮书》正式出版。

7月12日 由上海中华职教社举办的2016年中国技能大赛——上海市第四届"中华杯"职业技能竞赛启动仪式，在徐家汇公园举行。

8月4—10日 上海中华职教社联合台湾海峡两岸教育交流促进协会等首次在上海中华文化学院共同举办"2016台湾职业院校师生研习营"。

8月7日 上海市第四届"中华杯"职业技能竞赛暨两岸三地邀请赛颁奖大会在上海市群星职业技术学校举行。42名来自香港和台湾的职业院校师生来沪参加了4个邀请赛项目。

11月10日 上海中华职教社与上海市社院联合举办第5期中青年骨干社员培训班。

12月24日 上海中华职教社和上海中华职业教育温暖工程基金会共同在上海市政协举行2016年度"中华助学金"发放仪式。250名学生受助50万元。保集控股集团现场捐款。

12月29日 静安区、闸北区撤二建一后新的上海静安中华职教社成立。周新钢为第一届社务委员会主任。

2017 年

1月25日 上海中华职教社召开全体党员大会，选举产生第一届职教社党总支部委员会。设机关在职党支部和退休党支部。李明任党总支书记。

5月15—21日　2017年贵州、宁夏职业院校院（校）长研修班在上海市社院举行。

5月19日　纪念中华职业教育社成立100周年大会在上海展览中心友谊会堂举行。会前，与会领导与获得上海市黄炎培职业教育奖的先进单位和先进个人合影留念。纪念中华职业教育社成立100周年书画图片展在上海图书馆第一展厅举行。

7月16—22日　由上海中华职教社联合澳门基金会首次在上海第二工业大学举办以"文化　体验　交流"为主题的"2017澳门大学生研习营"。

8月4—10日　上海中华职教社联合台湾海峡两岸教育交流促进协会共同在上海中华文化学院举办"2016台湾职业院校师生研习营"。

9月30日　由上海中华职教社、市人社局、市教委共同举办的2017年中国技能大赛——第五届上海市"中华杯"教师职业技能竞赛启动仪式，在中华职业学校举行。

11月7日　由上海中华职教社联合香港职业训练局、台湾中华商业职业教育学会共同主办的，以"大众创业、万众创新"为主题的2017海峡两岸暨香港职业教育论坛在上海富豪东亚酒店举行。

11月12日　第五届上海市"中华杯"教师职业技能竞赛颁奖大会在上海海事大学附属职业学校举行。

11月27—28日　上海中华职教社联合上海市社院举办第6期中青年骨干社员培训班。

11月　《2017上海职业教育事业蓝皮书》正式出版。

12月9日　上海中华职教社与上海中华职业教育温暖工程基金会

共同在上海科学会堂举行 2017 年度"中华助学金"发放仪式。500 名学生得到 100 万元资助。

12 月 13 日 上海崇明职教社第一次代表会议召开。施志琴为第一届社务委员会主任。

12 月 14 日 中共上海市委常委、统战部部长施小琳，副部长王珏率部机关部分同志到上海中华职教社调研，并参观了社史展。

2018 年

4 月 15 日 上海徐汇职教社举行第四次社员大会。张黎明为第四届社务委员会主任。

4 月 18—20 日 香港职业训练局语文学科老师访问团一行 20 人到访上海职教社。

4 月 22—28 日 2018 年贵州、宁夏职业院校院（校）长研修班在沪举行。

5 月 16—22 日 上海中华职教社与香港职业训练局联合在上海中医药大学举办首届"香港职业院校学生研习营"。

5 月 17 日 首届香港职业院校学生研习营开营仪式暨第六届上海市"中华杯"职业技能竞赛启动仪式在上海中医药大学举行。32 位香港学生参加了"中华杯"职业技能竞赛沪港交流赛。

5 月 23 日 民建中央"爱国主义教育基地""民建总会在沪旧址"揭牌仪式在上海中华职教社举行。

6 月 29 日 上海奉贤职教社第六次社员大会在区会议中心召开。汪黎明为第六届社务委员会主任。

7 月 5—11 日 上海中华职教社联合台湾海峡两岸教育交流促进

协会在上海中华文化学院举办"2018 台湾职业院校师生研习营"。

7 月 8 日 第六届上海市"中华杯"职业技能竞赛暨沪台邀请赛颁奖大会在上海工商职业技术学院青浦校区举行。

7 月 15—21 日 上海中华职教社联合澳门基金会在华东师范大学举办"2018 澳门大学生研习营"。

9 月 5 日 上海闵行职教社第二次代表大会召开。马秀明为第二届社务委员会主任。

10 月 15 日 上海中华职教社第六次代表会议在上海科学会堂举行。选举产生周汉民为第六届社务委员会主任，马国湘、程裕东、胡卫、张岚、郭为禄、李国华为副主任。

10 月 《2018 上海职业教育事业蓝皮书》正式出版。

11 月 22—23 日 上海中华职教社联合上海市社院举办第 7 期中青年骨干社员培训班。

12 月 15 日 上海中华职教社与上海中华职业教育温暖工程基金会共同在上海科学会堂举行 2018 年度"中华助学金"发放仪式。250 名学生共计受助资金 50 万元。

12 月 26 日 上海黄浦职教社第二次代表会议召开。黄玉璟为第二届社务委员会主任。上海青浦职教社第二次代表会议召开。徐卫军为第二届社务委员会主任。

2019 年

4 月 2 日 上海普陀职教社第二次社员（代表）大会召开。薛飒飒为第二届社务委员会主任。

4 月 9 日 上海虹口职教社第四次社员代表大会召开。谢榕榕为第四届社务委员会主任。上海宝山职教社第二届社员大会召开。苏卫东为主任第二届社务委员会主任。

4月12日 上海长宁职教社第二次社员（代表）大会举行。方雷为第二届社务委员会主任。

4月19日 长三角职教社合作协议签约仪式在中华职业学校举行。

4月25日 上海金山职教社第二次代表大会召开。朱建国为第二届社务委员会主任。

4月26日 上海松江职教社第二次代表大会召开。金冬云为第二届社务委员会主任。

5月5—11日 2019云南、宁夏职业院校长研修班在上海市社院举行。

5月19—25日 上海中华职教社联合香港职业训练局在上海浦东卫生发展研究院举办“2019香港职业院校学生研习营”。

6月3—7日 由上海中华职教社周汉民为团长，副主任马国湘为副团长的上海中华职教社代表团一行9人，赴台进行为期五天访问。

6月24—30日 上海中华职教社联合澳门基金会在上海浦东卫生发展研究院举办“2019澳门大学生研习营”。

6月26日 老社员沈丽亚专程到社，送上捐赠给“中华助学金”活动1万元现金。这是她自2014年7月1日以来的第六次捐赠，前后总计达6万元。

7月4—10日 上海中华职教社联合台湾海峡两岸教育交流促进会在上海中华文化学院举办“2019台湾职业院校师生研习营”。

9月16日 上海杨浦职教社举行第三次社员代表大会。吴巍为第三届社务委员会主任。

9月21日 由上海中华职教社、市人社局、市教委共同举办的

"融合人工智能 启迪未来职教"——第七届上海市"中华杯"教师职业技能竞赛暨 AI+ 泛职业教育论坛，在上海信息技术学校举行。

9 月 30 日 上海中华职教社在市政协举行庆祝中华人民共和国成立 70 周年座谈会暨《我和我心中的祖国》新书首发式。

10 月 《2019 上海职业教育事业蓝皮书》正式出版。

11 月 26—27 日 上海中华职教社联合上海市社院举办第 8 期中青年骨干社员培训班。

11 月 30 日 第七届上海市"中华杯"教师职业技能竞赛颁奖大会在宝山区智慧湾依弘剧场举行。

12 月 14 日 上海中华职教社和上海中华职业教育温暖工程基金会共同在上海科学会堂举行 2019 年度"中华助学金"发放仪式。250 名学生共计受助资金 50 万元。

2020 年

1 月 27 日 上海中华职教社向全社发出关于全力支持打赢新冠肺炎疫情抗击战的倡议。在周汉民主任为组长的领导小组带领下，共组织捐款 846432 元和部分物资，并收集到 10 位社员提交的相关社情民意，为疫情防控和社会稳定凝智聚力。

3 月 8 日 上海中华职教社第一次以电子版形式发行 2020 年第 2 期《上海社讯》。

4 月 17 日 上海中华职教社举行首期职教沙龙活动。

4 月 30 日 上海中华职教社举行第二期职教沙龙活动。

7 月 1 日 上海中华职教社举行第三期职教沙龙活动。

9 月 24—25 日 云南省、贵州省遵义市职业院校长线上研修班在上海社院举办。

9月24日　上海中华职教社在上海科学会堂举行第四期职教沙龙活动。

9月26日　由上海中华职教社联合江苏、浙江、安徽职教社举办的第八届上海市"中华杯"职业技能竞赛启动仪式暨长三角总厨中式烹饪比赛，在青浦区上海工商信息学校举行。

10月　《2020上海职业教育事业蓝皮书》正式出版。

11月26—27日　上海中华职教社联合上海市社院举办第9期中青年骨干社员培训班。

11月28日　上海中华职教社与上海中华职业教育温暖工程基金会共同在上海科学会堂举行2020年度"中华助学金"发放仪式。250名学生共计受助金额50万元。

12月20日　第八届上海市"中华杯"职业技能竞赛闭幕式暨颁奖大会在上海市群益职业技术学校举行。

2021 年

1月　毛丽娟任上海中华职教社第六届社务委员会副主任。

2月8日　上海中华职教社副主任胡卫、二级巡视员苏海在城汇大厦接待来访的日本驻沪总领馆新闻文化部部长西野幸龙领事、教育领事沼田真洋一行。

3月31日　上海中华职教社在上海科学会堂举行第五期职教沙龙活动。

5月10日　上海中华职教社副主任胡卫参加黄浦职教社届中调整大会。尹旭峰为上海黄浦职教社社务委员会主任。

6 月 4 日 上海中华职教社副主任胡卫与到访的芬兰驻沪总领事何朗明、芬兰驻华大使馆教育与科技参赞时明睿一行 11 人，在上海科学会堂举行加强职业教育方面的交流与合作座谈会。

7 月 12 日 上海中华职教社联合澳门基金会在上海文化学院举办"2021 澳门大学生研习营"。

7 月 16—17 日 由中华职业教育社和上海中华职教社主办，上海出版印刷高等专科学校承办的"黄炎培职业教育思想研究会第十一次学术年会"在上海虹桥郁锦香宾馆举行。

9 月 10 日 上海中华职教社在上海科学会堂举行第六期职教沙龙活动。

9 月 26 日 由上海中华职教社联合市人社局、市教委共同举办的第九届上海市"中华杯"教师职业技能竞赛启动暨"创意设计"竞赛颁奖仪式，在奉贤区博物馆举行。

10 月 《2021 上海职业教育事业蓝皮书》正式出版。

11 月 17—18 日 上海中华职教社与市社会主义学院联合举办第 10 期中青年骨干社员培训班。

12 月 19 日 上海中华职教社与上海中华职业教育温暖工程基金会共同在上海科学会堂举行 2021 年度"中华助学金"发放仪式。250 名学生共计受助资金 50 万元。

12 月 25 日 由上海中华职教社联合市人社局、市教委以"线上＋线下"的方式，在嘉定区青少年活动中心共同举办第九届上海市"中华杯"教师职业技能竞赛闭幕式暨颁奖大会。

12 月 27 日 经报市委统战部、中华职业教育社同意，胡卫任上海中华职教社常务副主任。

2022 年

3 月 28 日　为共同打赢疫情防控战，上海中华职教社发出致《全市各级职教社组织及广大社员的倡议书》。

4 月 29 日　上海中华职教社举办《职业教育法》线上学习座谈会。

5 月 6 日　上海中华职教社主任周汉民、常务副主任胡卫、部分社务委员，各基层组织、团体社员单位负责人和全体机关干部通过线上收看收听中华职业教育社贯彻落实习近平总书记贺信 5 周年暨立社 105 周年座谈会。

5 月 10 日　上海中华职教社召开贯彻落实习近平总书记贺信 5 周年暨立社 105 周年及做好疫情防控工作线上座谈会。

5 月 13—14 日　上海中华职教社通过上海中华职业教育温暖工程基金会为浦东临港、崇明、金山等 14 所学校共 1 800 余名封闭管理的学生西藏、新疆、云南、贵州等少数民族班的住校生，购买了急缺沐浴露、牙膏牙刷等生活用品 14 800 多件，共计 30 万元。

5 月 15 日　上海中华职教社主任周汉民以网络直播公益讲座形式，作了《众志成城战疫情、千方百计促发展》的公益行动第一课。

7 月 15 日　上海中华职教社以"线上＋线下"方式召开"守护城市　抗击疫情　先进个人表彰大会"。上海中华职教社主任周汉民出席并讲话。共有 105 名社员获评先进个人称号。

9 月 8 日　上海市副市长陈群一行赴上海中华职教社调研。

9 月 9 日　上海中华职教社举行"职教先贤与百年统战"座谈会暨社史展示厅揭幕仪式。

9 月 23 日　上海中华职教社举行第七期职教沙龙活动。

10 月　《2022 上海职业教育事业蓝皮书》正式出版。

11 月 19 日　由上海中华职教社主办的第十届上海市"中华杯"职业技能竞赛启动仪式在徐汇区漕河泾开发区举行。

11 月 25—26 日　上海中华职教社联合上海市社院举办第 11 期中青年骨干社员培训班。

12 月 10 日　由上海中华职教社和上海中华职业教育温暖工程基金会以"直播＋线下"形式，共同在市委党校梅陇校区举行第十批"中华助学金"发放仪式。250 名学生共计受助资金 50 万元。

12 月 24 日　上海中华职教社以"线上会议＋直播"方式举行第十届上海市"中华杯"职业技能竞赛闭幕式。直播会场设在上海市城市科技学校。

后 记

　　2023 年是全面贯彻落实党的二十大精神的开局之年，是实施"十四五"规划承前启后的关键一年，也是全面建设社会主义现代化国家开局起步的重要一年。同时伴随新《职业教育法》的颁布实施，中华职业教育社各级组织也迎来了事业拓展的大好时机。上海是中国改革开放排头兵、创新发展先行者，也是中华职业教育社的发祥地。上海中华职业教育社理应在围绕中心、服务大局，推进现代职业教育高质量发展上作出更大的贡献。有鉴于此，如何通过梳理总结上海中华职教社服务中心工作的实践创新成果，进一步传承弘扬职教社的优良传统，凝聚同心奋进的强大合力，将是上海中华职教社新时代展现新作为的重大课题。《事必求是　行必踏实——上海中华职业教育社的创新九章》(以下简称《创新九章》)就是在这样的背景下应运而生。

　　《创新九章》从继承弘扬中华职教社历史使命的角度出发，紧密结合时代要求，阶段性总结 2009 年以来上海中华职教社快速发展时期的众多品牌工作，突出党建引领，分九个章节全面梳理品牌项目的历史传承、发展脉络和未来前景，生动展现了上海中华职教社不忘初心使命，找准时代定位，不断砥砺奋进的实践探索，从而进一步明确工作方向，凝聚前进动力，激发奋斗豪情，鼓舞各级组织和广大社员朝着党的二十大擘画的宏伟蓝图踔厉奋发，再建新功。本书为了解研究上海中华职教社十四年来的发展轨迹提供了蓝本，也为凝聚广泛合力积极投身现代化国家建设新征程吹响了奋斗号角。

上海中华职业教育社主任周汉民担任本书主编，把撰写《创新九章》作为社的重点工作统筹谋划，要求高站位高标准高质量完成这一特殊年份的特殊工程。上海中华职业教育社常务副主任胡卫担任副主编，倾心指导、全力推动落实编写任务。社机关同志根据工作安排和项目分工，分别承担书稿主体内容的起草任务。部分社内专家和老同志作为特邀编委参与了其中部分内容的编写，并提出了许多指导性意见。社办社联学校积极协助，提供了有关资料。

上海人民出版社对本书的出版给予支持，在此一并致以衷心的感谢。

编者

2023 年 6 月

图书在版编目(CIP)数据

事必求是　行必踏实:上海中华职业教育社的创新
九章/周汉民主编. —上海:上海人民出版社,2023
ISBN 978 - 7 - 208 - 18310 - 0

Ⅰ. ①事… Ⅱ. ①周… Ⅲ. ①职业教育-教育史-上
海 Ⅳ. ①G719.29

中国国家版本馆 CIP 数据核字(2023)第 090085 号

责任编辑　王　冲
封面设计　路　静

事必求是　行必踏实
——上海中华职业教育社的创新九章
周汉民　主编

出　　版　**上海人民出版社**
　　　　　　(201101　上海市闵行区号景路 159 弄 C 座)
发　　行　上海人民出版社发行中心
印　　刷　上海盛通时代印刷有限公司
开　　本　720×1000　1/16
印　　张　16
插　　页　2
字　　数　184,000
版　　次　2023 年 6 月第 1 版
印　　次　2023 年 6 月第 1 次印刷
ISBN 978 - 7 - 208 - 18310 - 0/G · 2151
定　　价　98.00 元